Con
Fr
Expressions
and Idioms

Common French Expressions and Idioms

A DESKTOP REFERENCE FOR EVERY LEARNER OF FRENCH

JEAN SÉVERY

Pelanduk Publications

Published by
Pelanduk Publications (M) Sdn Bhd
(Co. No. 113307-W)
12 Jalan SS13/3E
Subang Jaya Industrial Estate
47500 Subang Jaya
Selangor Darul Ehsan, Malaysia.

Address all correspondence to
Pelanduk Publications (M) Sdn Bhd
P.O. Box 8265, 46785 Kelana Jaya
Selangor Darul Ehsan, Malaysia.
Website: *www.pelanduk.com*
e-mail: *rusaone@tm.net.my*

Perpustakaan Negara Malaysia Cataloguing-in-Publication Data

Sévery, Jean
Common French expressions and idioms / Jean Sévery.
Includes index
ISBN 967-978-935-7
1. French language—Idoms. 2. French language—Terms and phrases.
I. Title.
448.2421

Printed and bound in Malaysia.

Table of contents

C’est pas moi, m’sieur!

– PETIT GIBUS, DANS LA GUERRE DES BOUTONS, D’YVES ROBERT

Comme il vous plaira.

– JEAN COCTEAU, DANS ORPHEE

Introduction

The book is a bilingual (French/English) corpus containing 3,500 expressions and idioms riddling the French popular language. While the list is not exhaustive, it nevertheless presents the most commonly used expressions and idioms heard in everyday conversations, such as when the average Frenchman or Frenchwoman engages in romantic and flowery amorous dialogue or, by contrast, try hard to give an indelicate adversary a serious lesson in verbal hiding.

However rude or sweet, serious or funny these expressions may seem, they are all unmistakenly popular and therefore very much in use amongst the entire Francophone community, representing approximately 150 million people.

The aim of this book—in addition to the enrichment of your French vocabulary—is to allow the reader/learner at all levels a useful insight into the cultural aspects of the French language. These expressions have been selected principally according to their frequency and current usage. As the overwhelming majority of these expressions are used on an almost daily basis, non-native speakers'/learners' knowledge and understanding of them will undoubtedly facilitate understanding of authentic conversations in French.

The book consists of nine sections. Eight of them deal with the body, people, people's social activities, people's thoughts, people's private activities, people's relationships, animals and plants. The last section deals with expressions that do not fall into any particular category.

Each expression and idiom is accompanied by a short and simple explanation in French.

Un toubib.

Un médecin.

A physician, a doctor.

When such an explanation is redundant, an example is given in French, with its explanation.

Etre vieux jeu, être dépassé.

Oh la la! qu'est-ce que tu peux être vieux jeu! = Tu ne vis pas avec ton temps.

To be old-fashioned, to be out-of-date.

We also provide a short explanation in French for particular words used in expressions.

Je me suis fourré(e) dans un sacré guêpier! Dans quel guêpier me suis-je fourré(e)?

Je me suis mis(e) dans une très mauvaise situation, je suis tombé(e) dans un piège. (Le guêpier est un nid de guêpes.)

I got myself into a tight corner! What kind of mess have I got myself into? I put myself into a trap, a difficult position. – (*Un guêpier* = a wasps'nest).

Whenever possible, the equivalent expression or idiom in English is provided. – This is usually followed by a short explanation in simple English.

Je n'ai pas eu le temps de dire ouf!

J'ai dû me dépêcher.

I didn't have the time to say "phew!"/Jack Robinson, I didn't have the time to catch my breath! I had to do something very quickly, something happened suddenly.

When no exact equivalent exists, we provide a short and clear explanation in English, and when necessary, we substantiate the explanation with an example.

Le singe imite son maître!

Cette expression s'utilise lorsque l'on est las de voir quelqu'un qui imite nos faits et gestes.

Copycat! This expression is used when you are tired of someone who imitates you. Literally, the monkey imitates its master.

When a French expression is particularly original, we give its literal translation in English

(Il a disparu) comme un pet sur une toile cirée.

Très vite.

(He disappeared) very quickly. Literally, he disappeared like a fart on an oilcloth.

and we complete our explanation with the translation of keyword(s),

Il râle comme un pendu.

Il montre sa mauvaise humeur avec ostentation.

He's moaning ostentatiously. – (*Un pendu* = a hanged man).

which helps the reader/learner to gain an in-depth understanding of the French sentence.

The method applied here is designed to help learners enhance their knowledge of both the French and English language as well as to get smoothly and efficiently acquainted with the cultural richness hidden in common everyday sentences used by the speakers of these languages.

Jean Sévery
Kuala Lumpur

Introduction

Balayés, les Académiciens de la langue *françoise*! Personne ne parle plus comme Racine ou Corneille. – L'art de faire des ronds de jambe enrubannés sur la route sirupeuse de la métaphore verbale est mort et enterré depuis des lustres.

Le règne de l'incorrection orthographique, de la prononciation inexacte, de la troncation abusive et des tournures de phrases hybrides nous abîme chaque jour davantage dans une atmosphère glauque et nauséabonde où la sauvagerie primaire le dispute à l'imagination la plus débridée.

Comment alors voulez-vous qu'une poule y retrouve ses chiots? Ce livre permettra - peut-être - à ce pondeur volage de ne pas rester le bec dans l'eau lorsqu'il trouvera, fermement campé sur ses ergots, les pattes dans un fumier sentant bon la France (et l'eau de Cologne), les ailes déployées en forme de croix de Lorraine, la crête gonflée à bloc et les trois mamelles (celles de la Liberté, de l'Egalité et de la Fraternité) flottant allègrement aux vents qui s'échappent de son croupion emplumé en guise de drapeaux, lorsqu'il trouvera donc devant lui, ce gallinacé à testicules crâniennes qui représente si parfaitement le pays de Jeanne d'Arc et du camembert à pâte molle.

Car si le coq sait si bien séduire nos pavillons enamourés, nous arrachant des soupirs qui en disent long en nous enchantant par ses complaintes romantiques et en nous annonçant qu'il est midi à quatorze heures, il le fait désormais dans une langue moderne où l'on dit plus volontiers ce que l'on pense qu'on ne pense à ce que l'on ne devrait pas dire.

Les excès de langage, la grossièreté des propos, le choix singulier d'un vocabulaire de basse-cour, cette purulence linguistique ne choquent plus leurs victimes qui consentent désormais à en employer les termes, prouvant une fois de plus que du sadisme au masochisme, il n'y a qu'un trait (de plume).

Certes, certaines expressions populaires sembleront au lecteur non averti scabreuses, indécentes voire obscènes. – Mais, et c'est là que la poule retrouve ses chiots, bien des tournures grivoises ou simplement grossières ont un sens complètement différent de celui qui vient à l'esprit lorsqu'on les entend pour la première fois.

Ecoutez un Toulousain fleurir sa conversation d'abondants "Putain con!". – Vous serez vraisemblablement choqués si vous pensez qu'il veut parler de prostituées et du sexe féminin alors qu'il s'agit tout simplement d'une expression locale dénotant une surprise ou un reproche - l'équivalant du banal "oh la la!".

Certains termes vulgaires sont utilisés par des personnes au-dessus de tout soupçon quant au talent d'orateur, à l'intelligence ou à la renommée. – Ne dit-on pas que Napoléon lui-même aurait craché à la face de son ministre: "Talleyrand, vous êtes de la merde dans un bas de soie!" A fortiori, l'emploi de ces expressions populaires par le commun des mortels ne fait plus scandale depuis longtemps et n'a causé aucun duel au sabre, au pistolet ou à la fourchette à dessert depuis belle lurette.

Il est d'ailleurs de règle de considérer que dans bien des cas, l'usage d'une expression est proportionnel à sa rudesse et que, pour employer une lapalissade, plus une expression est utilisée plus elle est populaire. – Il est donc largement préférable d'en connaître le plus grand nombre possible - qu'elles semblent insolentes ou pas - afin de ne pas rester en rade lorsqu'on se retrouve pieds nus sur la pente savonneuse d'une conversation branchée. – L'emploi de ces formules verbales n'est pas obligatoire mais nous sommes persuadés que leur compréhension l'est.

A bon entendeur, salut!

Les règles de la prononciation inexacte

Les expressions populaires se caractérisent par la distanciation flagrante qu'opèrent les locuteurs vis-à-vis des règles de prononciation. – On observe ainsi une attirance croissante pour la simplification. – Les noms et les adjectifs sont proprement guillotinés.

EXEMPLES:

Un aristo sympa (= *un aristocrate sympathique*)
Une météo dégueu (= *une météorologie dégueulasse*)

La lettre "e" est avalée, digérée et expulsée du domaine sonore.

EXEMPLE:

Plus j' t' r'gard', plus j' m' fous à rire!

L'adverbe de négation "ne" est jeté aux oubliettes.

EXEMPLE:

J' veux pas manger ma p'tite soeur, elle est pas assez cuite!

La langue française accouchant fréquemment d'expressions nouvelles, les contractions qu'elle éprouve à intervalles réguliers font exécuter à la langue et au larynx de ses locuteurs, une gymnastique de plus en plus complexe.

EXEMPLE:

(J'ai rendez-vous chez le dentiste mais) je ne sais pas s'il me faut y aller
devient: chaipasimfôyalé

(Obéir aux ordres,) il y a des cas où tu dois le faire
devient: yadèkaoutudoilfèr

(Des autobus à cette heure,) il n'y en a peut-être pas
devient: yennaptêtpa

(Comment j'en suis arrivée là,) je ne suis plus capable de te le dire
devient: chuipucapabteldir

(On est sur la paille alors) il n'y a plus qu'à se flinguer!
devient: yapukasflingué

(Les enfants, c'est la dernière fois que vous utilisez le dentier de grand-père comme casse-noisette!) Il ne faut plus que ça recommence!
devient: fôpuksarcomens

(Ce geste de bonté,) ne me le fait pas regretter, s'il te plaît!
devient: mlefèpargreté, steplè

La simplification du langage peut sembler excessive mais elle répond à un besoin vital: s'exprimer le plus rapidement possible en un minimum de mots. – Ce qui conduit fréquemment à formuler l'exquise demande que voici - un authentique chef-d'œuvre de politesse: "Je vous prie de bien vouloir m'excuser, cher monsieur, mais je n'ai pas bien compris ce que vous avez dit. – Auriez-vous l'extrême obligeance de le répéter clairement et intelligiblement, s'il vous plaît?" sous la forme du raccourci sans ambages: "Quoi?" Le langage fleuri y perd quelques pétales mais on gagne du temps!

Le syndrome du "moi-je"

Certaines personnes, c'est-à-dire la majorité de la population française, sont atteintes de schizophrénie pronominale. – Cette maladie se détecte sous la forme la plus courante du syndrome du "moi-je" qui consiste en la répétition du pronom personnel sujet en début de phrase (parfois même après l'énonciation du sujet en question, ce qui rend donc possible d'évoquer un même sujet trois fois de suite!).

Cela permet à la personne qui parle de mettre de l'emphase dans la conversation, de se mettre en valeur et de croire que son opinion s'impose aux yeux de tous. – Chacun y retrouve son compte et tout le monde est content.

EXEMPLES:

Moi, je suis Français, Monsieur! (*autrement dit: vous, vous n'avez pas cette chance unique au monde, pauvre andouille!*)

Toi, tu n'es qu'un sous-fifre! (*autrement dit: je ne vais pas m'abaisser à perdre mon temps - qui est précieux - à te parler; je préfère discuter avec le patron!*)

Lui, il s'y connaît (*autrement dit: moi, je pourrais vous en parler pendant des heures mais ça ne vous avancerait pas à grand chose vu que je n'y connais absolument rien et que vous finiriez par vous en apercevoir…*)

(Monique,) elle, elle est extra! (*autrement dit: seule Monique vaut le détour. – Laisse tomber Germaine qui louche, a une haleine de hareng saur et a autant d'imagination qu'une amibe!*)

Nous, on n'a de leçon à recevoir de personne! (*autrement dit: on est parfaitement capables de détruire notre économie, de tripler le niveau de l'inflation, d'augmenter le chômage, de provoquer des grèves et de faire sauter le gouvernement tout seuls!*)

Vous, vous avez avantage à la fermer! (*autrement dit: silence quand moi je parle!*)

(Les étrangers,) eux, ils sont pas comme nous! (*autrement dit: nous, on peut condescendre à leur pardonner leurs coutumes barbares surtout si elles se pratiquent très loin de chez nous!*)

(Nicole et Janine,) elles, elles sont sensées (*autrement dit: ce sont les seules femmes que je connais à ne pas m'avoir traité de minus!*)

Pour insister sur le sujet qui parle ou sur l'objet dont on parle on peut aussi ajouter en fin de phrase un pronom personnel ou le nom que ce pronom remplace.

EXEMPLES:

J'y connais rien en trigonométrie, moi!

Montcuq, tu sais où c'est, toi?

Il est pas con, le mec! (*autrement dit: il est intelligent mais il l'est bien moins que moi qui me permets de le juger*)

Qu'est-ce qu'elle est gnangnan, ta frangine!

On a peur de rien, nous!

Vous avez bu, vous! (*autrement dit: vous sentez l'alcool à dix pas!*)

Y passeront pas l'hiver, ces vioques! (*autrement dit: ces personnes âgées ne vont pas tarder à mourir*)

Elles me scient les côtes, ces moules! (*autrement dit: ces étudiantes m'ennuient!*)

Expression corporelle

Pareillement à leurs aînés du sud (les Italiens), les Français joignent pour s'exprimer et bien qu'à un moindre degré, le geste à la parole. La gestuelle joue dans les deux cas un rôle quasi indispensable. – La différence est une simple question de proportion.

Un test: liez les mains d'un Italien. – Pathétiquement privé de son moyen d'expression favori, il se retrouve totalement incapable de s'exprimer.

Liez les mains d'un Français. – Il râle, rage, explose en vaines protestations mais il trouve toujours l'occasion de se plaindre au moyen de ses seules ressources oratoires.

A la différence de son confrère italien qui sera forcément obligé d'arrêter son autobus pour s'engueuler avec un passager récalcitrant (car il lui est strictement interdit de parler en conduisant), le conducteur français ne se prive pas d'échanger avec un passager rouspéteur un feu nourri d'invectives bien senties, agrémentées de moultes gesticulations allant du sympathique mouvement latéral de l'index en guise d'interdiction à l'énergique bras d'honneur pour des sujets conférant à des matières assurément moins subtiles…

Que cet échange de bons mots et de bottes secrètes puisse mettre en danger la vie de tous les passagers de l'autobus ne fait aucun doute mais n'a que peu de poids lorsqu'il s'agit de défendre son honneur et d'avoir une occasion de plus pour se plaindre, râler, protester et de montrer à tout le monde la richesse de son vocabulaire et l'étendue de ses connaissances chorégraphiques.

Mais les mains seules ne suffisent pas pour égrainer le riche chapelet des expressions populaires. – Entrent aussi dans la danse les bras, les épaules, les diverses parties du visage, les jambes et les hanches.

Voici parmi bien d'autres, quelques exemples de gesticulations. – Rappelons que ces mouvements accompagnent la parole mais peuvent aussi la remplacer complètement. Nous assistons alors à une sorte de dialogue de sourds dont le langage des sourds-muets passerait en comparaison pour une variante quelque peu appauvrie.

La ferme!

Lever l'avant-bras et la main à l'horizontale. – La paume de la main vers le sol, opposer le pouce aux quatre autres doigts. – Plier le poignet vers le haut. – Lever les quatre doigts puis les rabattre en faisant alors se toucher le majeur et le pouce. – Exécuter ce mouvement deux ou trois fois en aboyant l'expression d'un air autoritaire.

Chaipa!

Hausser simultanément les sourcils et les épaules et remonter les avant-bras de chaque côté du corps, les mains ouvertes à la hauteur des épaules. – On peut agrémenter cette pose artistique en gonflant légèrement la bouche puis en chassant un peu d'air, ce qui fait vibrer les lèvres. – Cette moue s'accompagne alors d'un léger bruit.

Il est complètement beurré!

Placer la main à la hauteur du visage, la fermer légèrement et la tourner devant le nez comme s'il s'agissait de le dévisser.

T'es folle?

Placer la main à la hauteur du visage puis la fermer mais laisser ressorti l'index légèrement recourbé. – Frapper rapidement deux ou trois fois l'index contre la tempe.

Kèskon s'emmerde ici!

Remonter la main à la hauteur du visage, replier les quatre doigts sans fermer tout à fait la main, pointer le pouce comme pour faire de l'auto-stop, et frotter latéralement deux ou trois fois de dos des quatre doigts sur le côté de la joue en gonflant la bouche et en soufflant légèrement.

J'en ai marre, j'en ai jusque là!

C'est une variante du salut militaire. Lever le bras et faire pivoter d'avant en arrière la main horizontalement au sommet du crâne, comme s'il s'agissait de se raser les cheveux d'un coup sec.

J' m'en fous!

D'un seul mouvement, hausser les sourcils, les épaules et un avant-bras. – La main ouverte devant soi est rabattue vers l'arrière, la paume vers le haut et semble projeter une balle invisible vers l'épaule. – Par ce geste gracieux, on s'asperge d'indifférence.

Avertissement

Nous nous sommes efforcés de mettre un grand nombre d'expressions au féminin, la majorité des personnes amenées à lire cet ouvrage étant composée de studieuses mais non moins ravissantes représentantes du beau sexe.

(Désolé, les mecs! mais vous faites pas d' bile, y en a aussi des masses au masculin)

A Guide to French Pronunciation

Table of French pronunciation based on International Phonetic Alphabet (IPA).

IPA	French sound	Examples	English equivalent
[i]	i	pipi, mie, île, lys	territory
[e]	é	été, fée, gai, baies, tuer, nez	mayday
[ɛ]	è	très, fer, forêt, Noël, mais, vraie	fair, heir, let
[a]	a	visa, papa	gaga
[ɑ]	â	château, plâtre	arm, lark
[ɔ]	o	pomme, office, roc, bémol	horrible
[o]	ô	dose, pause, eau, faux, beaux, hôte	rose
[u]	ou	coucou, où, kangourous, joues	zoo, two
[y]	u	tutu, salut, vue, piqûre	(-)
[ø]	eu	feu, fameux	(-)
[œ]	e (long)	valeur, rancœur	her
[ə]	e (short)	je, te, le, se, me	the book
[ɛ̃]	in	fin, main, sein, sympa, synthèse	(-)
[œ̃]	un	parfum, aucun	(-)
[ɑ̃]	an	cinquante, embêtant, jambe, vent	(-)
[ɔ̃]	on	bonbon, nylon, tombe, jambon	(-)
[j]	(i)	meilleur, mieux, bien, amitié	yes
[ɥ]	ui	huit, fruitier	(-)
[w]	oua	moi, voilà, au revoir	one
[p]	p	papillon, zapper	pipe
[b]	b	belle, abbé	boy

IPA	French sound	Examples	English equivalent
[t]	t	**t**our, fes**t**ival, aba**tt**u	**t**ime
[d]	d	**d**o**d**o, ma**d**ame	mo**d**e
[k]	k	**k**ilo, sto**ck,** o**cc**asion, é**c**ole	**k**ing
[g]	g	**g**arçon, tan**g**o, **gu**êpe, **gu**itare	gar**g**le
[f]	f	**f**orce, o**ff**icier	e**ff**ort
[v]	v	**v**ictoire, a**v**enue, **v**in	re**v**i**v**al
[s]	s, ss, sc, ç	**s**ac, ta**ss**e, **sc**ien**c**e, le**ç**on, na**t**ion	**s**et
[z]	z, s	ca**s**e, hori**z**on, **z**oologie	**z**oom, lo**s**e
[ʃ]	ch, sh, sch	**ch**anson, **sh**opping, **sch**ema	**sh**erry
[ʒ]	j, g	**j**eudi, bon**j**our, **g**ym, voya**ge**	plea**s**ure
[m]	m	**m**i**m**e, co**mm**une	hu**m**an
[n]	n	**n**aturel, bo**nn**et	**n**ice
[ɲ]	(gn)	monta**gn**e, co**gn**ac (= ñ)	o**n**ion
[l]	l	**l**ampe, vi**ll**e	re**l**y
[ʀ]	r	**r**a**r**e, a**rr**ivée, **r**eta**r**d, Paris	(-)
[ŋ]	(ng)	livi**ng**, standi**ng**	ri**ng**

I – Le corps du délit
Corpus delicti

1. Les parties du corps The various parts of the body

Le corps – The body

La carcasse – Allez, bouge ta carcasse! = va-t'en!
(Go away!)

La tête – The head

La boule – Il a perdu la boule = il a perdu la raison.
He lost his mind.

Le crâne – Quel crâne! On devine son squelette = il est près de la mort.
He'll soon die.

La gueule – Quelle sale gueule!
What an ugly face!

La tronche – T'as vu sa tronche?
Have you seen his face?

La bouille – Il a une bonne bouille, ce bébé!
He's got a pretty face!

La cafetière – Il s'est encore abîmé la cafetière = il s'est de nouveau cogné la tête.
He banged his head again.

La face – Il a une face de rat = il n'est pas vraiment beau.
He's really not handsome.

La poire – J'ai tout pris sur la poire! = on m'a frappé à la tête.
Someone hit my head.

Le caillou – La pauvre! Elle n'a plus un poil sur le caillou = elle est chauve.
She's bald.

La bobine – Elle a une drôle de bobine, celle-là!
Her face is kind of strange!

Le cerveau – The brain

Les méninges – Arrête de te creuser les méninges et décide-toi!
Stop thinking, make up your mind!

La matière grise – Ce qui manque dans ta tête, c'est la matière grise!
You don't have enough grey matter!

La cervelle – Il s'est brûlé la cervelle = il s'est tiré une balle dans la tête.
He shot himself in the head.

Le ciboulot – T'as rien dans le ciboulot! (Ici, le ciboulot signifie à la fois la tête et le cerveau.)
You are empty-headed!

Les cheveux – The hair

Les tifs – C'est affreux, il a les tifs pleins de pellicules!
He has a bad dandruff!

Je vais chez le coupe-tifs = le coiffeur.
I have my hair cut/done.

Le nez – The nose

Le blair, le pif, le tarin – T'as vu ça? Non mais quel pif! = quel nez!
What a nose!

Les yeux – The eyes

Les mirettes, les yeux de biche – Cette fille, elle a des yeux de biche = elle a de beaux yeux.
She has beautiful eyes.

Elle a un charme à l'œil. Se dit d'une personne qui vous sourit et vous parle tout en semblant regarder derrière vous.
She smiles and talks to you but seems to look behind you. – this is a natural defect.

Les oreilles – The ears

Les portugaises – Il a les portugaises ensablées = il est un peu sourd.

He's a little deaf.

La bouche – The mouth

La gueule, le bec – Tu ferais mieux de fermer ta gueule! Je vais lui clouer le bec! = je vais le faire taire.

You'd better shut up! I'm going to shut him up!

Les lèvres – The lips

Les babines – Hmm! Je me lèche les babines = les lèvres. (Cela se dit avant d'attaquer un plat qui a l'air délicieux.)

I'm going to lick my chops.

La gorge, le gosier – The throat

Le kiki, le kirikiki – J'ai envie de lui serrer le kiki! = j'ai envie de l'étrangler.

I want to strangle him.

Les muscles – The muscles

Les biscoteaux – Ouah, le mec! T'as vu ses biscoteaux?

Have you seen how big his muscles are?

Les mains – The hands

Les pattes, les pinces, les pognes, les poignes – Je veux lui serrer la pince.

I'd like to shake hands with him.

Bas les pattes! = ne (me) touchez pas!

Don't touch (me)!

Graisser la patte de quelqu'un = acheter les faveurs d'une personne influente.

To buy someone's favours.

La jambe – The leg

La patte – Il s'est cassé la patte en faisant du ski.

He broke a leg skying.

Les guibolles, les quilles – Elle ne tient plus sur ses quilles.
She can't stand anymore.

Les jambons – Cette athlète, quels jambons!
What powerful legs!

Les pieds – The feet
Les petons, les panards – Il a des panards qui sentent le Gouda (un fromage hollandais).
His feet smell.

Le ventre – The belly
La panse – Il s'est endormi, la panse pleine = l'estomac bien rempli.
He fell asleep with a full stomach.

Le bedon – J'ai le petit bedon des quarantenaires.
I've got middle-aged spread.

La bedaine, la brioche – Il a la grosse bedaine des buveurs de bière.
He's got the beer drinkers' big belly.

Les intestins – The intestines
Les tripes, les boyaux – Il est allé se rincer les boyaux aux toilettes.
He went to the loo, he paid a visit.

Et maintenant, tout ce que vous brûlez de savoir sans jamais avoir osé le demander ... Now, everything you're dying to know without having to ask ...

Les seins – The breasts
Les nichons, les nénés, les roberts.
The boobs, tits.

"Les nichons au balcon!" (Phrase lancée aux femmes qui regardent un défilé depuis leur fenêtre)
The boobs at the balcony! This expression is used toward women standing at the window and looking at a parade.

Le sexe féminin – The female sex
La chatte, le con – Mademoiselle, vous avez une belle chatte! (Expression à double sens).
You have a nice pussy.

Le derrière – The backside
La croupe, la lune, les miches – Elle a une croupe à déclencher une révolution!
She has a very nice behind!

Les fesses, l'arrière-train, le cul, le popotin.
The buttocks/arse/behind.

Tu veux mon pied au cul? = tu veux que je me fâche?
Do you want me to get angry?

Du papier-cul, du pécul = du papier toilette.
Toilet paper.

L'anus – The anus
Le trou de balle – Espèce de trou de balle! Expression adressée à un enfant qui a dit ou fait une bêtise.
(This expression is used toward a child who did something stupid.)

La verge – The penis
L'anguille de caleçon, la bitte, la quéquette, la queue, la pine, le tich, le zeb/zob, le zizi, la zigounette – Il a une queue minuscule!
His penis is ridiculously small!

(Il est rentré chez lui) la bitte sous le bras = déçu, bredouille.
He came back empty-handed.

Les testicules – The testicles

Les couilles, les bijoux de famille, les roustons, les roupettes, les roubignolles, les parties – T'as pas d' couilles! = tu n'es pas courageux.

You have no courage!

2. Corps à corps – Expressions including parts of the body

2.1 Variations sur le cul – Variations on the theme of the arse

L'avoir dans le cul

Tu l'as dans l' cul! = tu n'as pas de chance, c'est bien fait pour toi!

To deserve it. Literally, to have it in the arse.

En rester sur le cul

Être très étonné(e).

To be flabbergasted.

Péter plus haut que son cul

Être orgueilleux.

To be overproud. Literally, to fart higher than one's (own) arse.

Un cul terreux

Un paysan.

A peasant.

Un faux cul

Un menteur – Ce type-là, c'est un faux cul!

A liar. Literally, a false arse.

Un lèche-cul

Un élève qui veut attirer les faveurs d'un professeur.

An arse-licker.

Bouger son cul

Bouge ton cul! = pars, déplace-toi!

To move.

Magner son cul

Magne ton cul! = dépêche-toi et viens!

To come fast.

Avoir le feu au cul

Il a le feu au cul = il se dépêche, il est pressé.

To be in a hurry. Literally, to have one's arse on fire.

En avoir plein le cul

J'en ai plein le cul! = j'en ai assez!

To be through with it! Literally, to have one's arse full.

Cucul

Ce film, c'est cucul la praline! = il est idiot.

Ridiculous.

Un tape-cul

Cette voiture est un vrai tape-cul = elle n'a plus de suspension.

A car whose suspension is dead. (*Taper* = to hit).

Ça coûte la peau du cul/des fesses

C'est très cher.

It's very expensive. Literally, it costs the skin of the arse/buttocks.

Serrer les fesses, avoir chaud aux fesses.

J'ai eu chaud aux fesses! = j'ai eu peur.

To have the jitters, to be very scared.

J'ai la police/les flics au cul

La police me poursuit.

The police is after me.

Je vais lui botter les fesses/le train

Je vais lui donner un coup de pied au derrière – (Le train = l'arrière-train = le cul).

I am going to kick his/her arse.

J'en suis resté/tombé sur le cul.

Je suis très surpris(e). I am gobsmacked.

Rester/tomber sur le cul. to stay/fall on the arse.

Et mon cul, c'est du poulet?

Se dit quand on sent que quelqu'un se moque de vous et que vous refusez de discuter.

This expression is used when someone tries to fool you. Literally, and my arse, is it (made of) chicken (meat)?

Trouduc!
Imbécile! = trou du cul!
Arsehole!

Elle tortille du croupion.
Elle marche en remuant le derrière.
She wiggles her bum/bottom (when she walks).

2.2 Variations sur la tête – Variations on the theme of the head

C'est une tête!
Il/elle est très intelligent(e).
He/she's very intelligent.

Il a une tête à claques.
Il a l'air idiot.
He looks stupid. Literally, he has a head for smacks.

C'est une grosse tête.
C'est une personne importante.
He/she's an important person.

Elle a la tête qui enfle.
Elle réfléchit trop.
She thinks too much. (*Enfler* = to swell.)

Avoir une sale tête.
Être louche, on ne peut pas lui faire confiance.
He/she cannot be trusted. (*Sale* = dirty).

Il a une tête qui ne me revient pas.
Je ne peux pas le supporter.
(I can't stand him.) Literally, his head doesn't come back to me.

Une tête de Turc.
C'est la tête de Turc de la classe = tout le monde se moque de lui.
He's everyone's whipping boy.

Avoir la tête de l'emploi.

Ce procureur a vraiment la tête de l'emploi = il a l'air sévère.

Cette expression indique une ressemblance physique associée à une profession ou à une occupation particulière.

To look the part. (*L'emploi* = the job).

Il a une gueule à caler des roues de corbillard.

Il a une figure triste et longue – (Caler = bloquer, empêcher de rouler).

He has a long and sad face. Literally, his head could wedge the wheels of a hearse.

Sa tête est mise à prix.

Il est recherché par la police.

He's wanted by the police, there's a price (put) on his head.

Tirer la tête, faire la gueule.

Bouder, être mécontent – Arrête de faire la gueule!

To sulk.

Il est fort en gueule.

Il parle fort pour se faire remarquer et pour essayer de s'imposer.

He's a bigmouth.

C'est casse-gueule/casse-pipe.

C'est dangereux.

It's dangerous.

Je me creuse la tête/la cervelle.

Je réfléchis énormément pour trouver une solution.

I rack my brains, I think a lot to find a solution.

Se casser la tête.

Te casse pas la tête! = ne t'en fais pas!

Don't bother!

Se casser la tête contre les murs.

Être désespéré parce qu'on souffre ou parce que l'on ne trouve pas de solution à un problème.

To be desperate because there's no solution. Literally, to brake one's head against the walls.

(Il faut considérer le problème) à tête reposée.

Calmement, en prenant son temps.

(You must consider/study the problem) calmly, at one's leisure.

Faire une grosse tête à quelqu'un.

Frapper quelqu'un.

To hit someone.

J'en ai par-dessus la tête!

J'en ai assez!

I have enough of it, I'm sick/tired of it! (*Par-dessus* = above).

N'en faire qu'à sa tête.

Tu n'en fais qu'à ta tête! = tu es têtu(e).

To be stubborn!

Faire une tête d'enterrement.

Être extrêmement déçu(e).

To be extremely disappointed. Literally, to make a head for a burial.

Piquer une tête (dans l'eau).

Aller nager.

To go for a swim.

Tu te payes ma tête?

Tu te moques de moi?

Are you kidding me?

Elle est tombée sur la tête!

Elle est complètement folle.

She's totally crazy.

J'en mettrais ma tête à couper.

J'en suis absolument sûr(e).

I am quite sure about it, I would bet my head.

C'est une histoire sans queue ni tête.

Elle n'a ni début ni fin, elle n'a pas de sens.

It's a cock and bull story. Literally, it's a story without tail or head.

Il a la tête sur les épaules.
Il est raisonnable, il sait ce qu'il fait.
He knows what he's doing. Literally, his head is on his shoulders.

(Il ne t'aime pas!) Enfonce-toi bien ça dans le crâne!
Comprends-le et ne l'oublie pas!
(He doesn't love you!) Get that into your head once and for all!

2.3 Variations sur les pieds – Variations on the theme of the feet

Le pied! / C'est pas le pied!
Super! C'est parfait / Ce n'est pas bien, c'est difficile.
That's terrific! / Things aren't so hot today!

Se lever du pied gauche.
Il s'est levé du pied gauche aujourd'hui = il n'est pas de bonne humeur.
Not to be in a good mood. (*Le pied gauche* = the left foot).

Mettre les pieds dans le plat.
J'ai mis les pieds dans le plat = j'ai fait une gaffe.
To put one's foot in it, to make a big mistake.

Faire du pied.
Il m'a fait du pied toute la soirée.
To play footsy.

Je ne remettrai jamais les pieds chez toi!
Je ne reviendrai jamais chez toi.
I'll never go back to your place again!

Ça lui fera les pieds!
C'est bien fait pour lui (elle), ça l'ennuiera.
Good for him/her, that will bother him/her!

C'est bien fait pour tes pieds!
Tu as ce que tu mérites!
You've got what you deserve!

Casser les pieds à quelqu'un.
Tu me casses les pieds! = tu m'ennuies!
To bug/annoy someone.

Tu veux mon pied...?
Arrête ou gare à toi!
Stop or watch out!

Ne pas savoir sur quel pied danser.
Ne pas savoir quoi faire ou comment se comporter, hésiter.
To hesitate, to be unsure as what to do or how to behave.

Il m'a coupé l'herbe sous le pied.
Il m'a frustré en faisant quelque chose avant moi/à ma place.
He frustrated me as he did something before me/in my place.

Comme un pied.
Très mal – Tu skies comme un pied!
Very badly.

Il est bête comme ses pieds!
Très bête.
He's very stupid!

De pied ferme.
Je l'attends de pied ferme = je suis prêt(e).
Well prepared. (*Ferme* = firm).

Au pied levé.
Sans préparation – Je l'ai remplacé(e) au pied levé.
On the spot.

Prendre son pied.
J'ai pris mon pied! = j'en ai bien profité, je me suis bien amusé(e). (Autre sens – avoir un orgasme).
1. To have a great time. 2. To have an orgasm.

Faire un appel du pied.
Une invite discrète.
To make covert advances/approaches, to make a veiled invitation.

Faire des pieds et des mains.

Faire beaucoup d'efforts pour obtenir quelque chose, mais souvent sans arriver à un résultat.

To work really hard at getting something, sometimes without success. Literally, to make feet and hands.

Tu me tires une sacrée épine du pied!

Tu me rends un grand service!

You're giving me a big help! Literally, you pull a sacred (big) thorn out of my foot.

Son père lui a mis le pied à l'étrier.

Il l'a aidé pour commencer dans les affaires.

His/her father gave them a leg up, he helped them to start a career. (*Mettre le pied à l'étrier* = to put the foot in the stirrup).

Je n'ai pas le pied marin.

Je suis malade sur un bateau.

I am sick on a boat. (*Marin* = seaworthy). Literally, I don't have a seaman's foot.

(Il ne faut pas) prendre (ce que je te dis) au pied de la lettre.

Le prendre littéralement, au sens strict.

(You must not) take (what I 'm telling you) to the letter, literally.

Il (lui) fait un pied de nez.

Il se moque (de lui) en mettant son pouce sur le nez et en écartant les doigts dans sa direction.

He thumbs his nose at him/her.

2.4 Variations sur le nez – Variations on the theme of the nose

A vue de nez.

À peu près – Ça se trouve à 50 kilomètres à vue de nez.

More or less.

Nez à nez.

Pas de chance! je me suis retrouvé/je suis tombé nez à nez avec lui = je l'ai rencontré par hasard.

(To meet someone) by chance.

Nez à nez.

L'un en face de l'autre.

(To find oneself) face to face (with somebody).

Pendre au nez de quelqu'un.

Ça lui pend au nez = ça va lui arriver. (Ça = quelque chose de négatif; une punition p.ex).

Something (bad) is going to happen to somebody. (*Pendre* = to hang).

Tirer les vers du nez de quelqu'un.

J'ai réussi à lui tirer les vers du nez = à le faire parler.

To make someone talk/confess. Literally, to pull worms out of someone's nose.

Mener/tenir quelqu'un par le bout du nez.

Sa femme le mène par le bout du nez = elle lui fait faire ce qu'elle veut.

To control someone. Literally, to handle/hold someone by the tip of the nose.

Ne pas voir plus loin que le bout de son nez.

ne pas avoir d'imagination, avoir l'esprit borné.

To have no imagination. Literally, not to be able to see farther than the tip of one's nose.

Passer sous le nez de quelqu'un.

Cette occasion lui est passée sous le nez = il l'a manquée.

To miss a good opportunity.

Les doigts dans le nez.

Elle a passé ses examens les doigts dans le nez = très facilement.

Very easily. Literally, fingers in the nose.

Se bouffer le nez.

Ce vieux couple passe son temps à se bouffer le nez = à se disputer.

To argue and fight. (*Bouffer* = to guzzle, to eat).

Ne pas mettre le nez dehors.

Ne pas sortir de chez soi.

To stay home. (*Dehors* = outside).

Faire quelque chose au nez et à la barbe de quelqu'un.
Les prisonniers sont sortis au nez et à la barbe de leurs gardiens = sans se faire voir, sans qu'ils s'en rendent compte.
To do something under somebody's nose. (*La barbe* = the beard).

Rire au nez de quelqu'un.
Je lui ai ri au nez = je me suis moqué de lui, je l'ai ridiculisé.
I ridiculed him.

Mettre/fourrer son nez dans les affaires de quelqu'un.
Arrête de fourrer ton nez dans mes affaires! = ne te mêle pas de ça!
To interfere, to meddle in someone's business.

Avoir le nez fin.
Être malin, rusé, pressentir les choses – Cette expression a un sens à la fois positif et négatif.
To be clever or malicious.

Avoir un verre dans le nez.
Il a un verre dans le nez, celui-là = il a trop bu.
To be drunk. Literally, to have a glass in the nose.

Je sens que la moutarde me monte au nez!
Je vais me fâcher!
I'm going to lose my temper! (*La moutarde* = mustard).

Il a toujours le nez en l'air.
Il ne se rend compte de rien, il rêve.
He's a dreamer. (*En l'air* = in the air, up).

Elle a du nez.
Elle a du goût, elle sait bien choisir.
She chooses with taste.

2.5 Variations sur les yeux – Variations on the theme of the eyes

S'en battre l'œil.
Je m'en bats l'œil! = je m'en moque!
I don't care!

À l'œil.

Gratuitement. – Je l'ai eu à l'œil.

For free.

Mon oeil!

Toi, tu peux soulever 100 kilos? Mon oeil! = je ne te crois pas.

My foot! I don't believe you.

Taper dans l'œil de quelqu'un.

Plaire à quelqu'un.

To be strikingly attractive, to attract someone's attention. (*Taper* = to hit).

Tape-à-l'œil.

Cette robe est un peu tape-à-l'œil = trop voyante.

It's loud, garish.

Il n'a pas les yeux dans ses poches.

Il remarque tout.

He notices everything. Literally, he doesn't have his eyes in his pockets.

Elle n'a d'yeux que pour son porte-monnaie.

Il n'y a que son argent qui l'intéresse.

She's only interested in his/her money. (*Le porte-monnaie* = the wallet).

Elle a les yeux en face des trous.

Elle est réaliste.

She's realistic. (*Les trous* (the holes) = sockets).

Qu'est-ce qu'il ne ferait pas pour ses beaux yeux?

Pour elle.

He would do everything for her.

Faire de l'œil/du genou/du pied.

Attirer l'attention d'une femme/d'un homme en lui frôlant le genou/le pied, en lui faisant un appel de l'œil.

To attract someone's attention with one's eye/knee/foot.

Ouvre l'œil!

Fais attention!

Be careful!

(Il a accepté l'argent) les yeux fermés.
Sans vérifier, sans hésiter, en toute confiance.
(He accepted the money) without hesitation, confidently.

Ça coûte les yeux de la tête.
C'est extrêmement cher.
It's extremely expensive.

Faire des yeux en boule de loto/en roue de charrette.
Être très étonné.
To look very surprised. (*Une boule de loto* = a lottery ball; *une roue de charrette* = a cart wheel.)

Elle n'a pas froid aux yeux.
Elle est courageuse.
She's courageous.

Faire les gros yeux.
Montrer sa désapprobation.
To show one's disapproval.

Avoir quelqu'un à l'œil.
Je t'ai à l'œil! = je te surveille.
To keep an eye on somebody, to watch them.

Tourner de l'œil.
S'évanouir.
To faint.

Je n'ai pas fermé l'œil de la nuit.
Je n'ai pas pu dormir.
I couldn' t sleep a wink last night.

Se mettre le doigt dans l'œil (jusqu'au coude, jusqu'à l'omoplate).
Si tu crois que ça va se passer comme ça, tu te mets le doigt dans l'œil! = tu te trompes complètement.
To be seriously mistaken, to be barking up the wrong tree. (*Le coude* = the elbow; *l'omoplate* = the shoulder plate).

2.6 Variations à la carte – À la Carte variations

Bâiller à se décrocher la mâchoire.
La bouche grande ouverte.
To yawn one's head off. (*Se décrocher la mâchoire* = to take down one's jaw).

Tenir sa langue.
Garder le silence, garder un secret – On peut avoir confiance en lui, il sait tenir sa langue.
To hold one's tongue, keep a secret, keep quiet.

Il n'a pas sa langue dans sa poche.
Il parle beaucoup, il critique facilement.
He talks too much, he criticizes easily. (*La poche* = the pocket).

Elle a la langue bien pendue.
Elle aime bien parler.
She likes to talk. (*Pendre* = to hang).

Il a avalé/perdu sa langue.
Il est si surpris qu'il reste sans voix.
(He swallowed/lost his tongue, as he's so surprised he remains speechless.)

Se mordre la langue.
Il s'en mord la langue = il regrette vivement d'avoir trop parlé, d'avoir dit/fait quelque chose qu'il ne fallait pas.
He deeply regrets he did/said something. (*Mordre* = to bite).

C'est une mauvaise langue.
Il/elle dit du mal des autres.
He/she speaks ill of others.

Il tire la langue.
Il est très fatigué, il meurt de soif.
He's very tired or thirsty.

Je donne ma langue au chat.
Je ne sais pas (la solution d'une devinette).
I don't know (the answer). Literally, I give the cat my tongue.

Avoir la dent.
Avoir faim.
To be hungry.

Ne rien avoir sous la dent.
Ne rien avoir à manger.
To have nothing to eat. Literally, to have nothing under the tooth.

.**Avoir la dent dure.**
Ce journaliste a la dent dure = il est très critique, très sévère.
To be very harsh or critical. (*Dure* = hard).

La police est sur les dents.
La police est en alerte.
The police is in high alert. Literally, the police is on its teeth.

Avoir les dents longues.
Ce jeune politicien a les dents longues = il est très ambitieux.
To be very ambitious.

Tu vas te casser les dents!
Tu prends trop de risques, tu vas échouer.
You take too much risk, you're going to fail. (*Casser* = to break).

Il n'a pas desserré les dents.
Il n'a pas ouvert la bouche, il n'a rien dit du tout.
He didn't open his mouth, he didn't say a word. (*Desserrer* = to unclench).

Tu mens comme un arracheur de dents, tu mens comme tu respires.
Tu mens tout le temps.
You lie through your teeth, you lie all the time. (*Un arracheur de dents* = a tooth puller; *respirer* = to breathe).

(Tu crois que ça va te tomber) tout cuit dans la bouche?
(*Tu espères obtenir ça*) *sans faire aucun effort?*
Do you think you'll get it without making an effort? Literally, do you believe it will fall well-done (cooked) in your mouth?

Garder quelque chose pour la bonne bouche.
Garder le meilleur pour la fin.
To keep the best part of something for later.

Je suis suspendu(e) à tes lèvres, je suis toute ouïe.
Je t'écoute avec grand intérêt, passionnément.
I'm hanging on your every word, I'm all ears. (*Les lèvres* = lips).

Tu me casses les oreilles!
Cesse de parler, tu m'ennuies!
Stop talking, you annoy me!

Prêter l'oreille à quelqu'un.
Prêtez-moi l'oreille un instant = écoutez-moi!
To listen to somebody.

Ce n'est pas tombé dans l'oreille d'un sourd.
C'est un renseignement, un conseil utile.
It hasn't fallen on deaf ears, this is valuable, useful information.

Il fait la sourde oreille.
Il refuse d'écouter.
He pretends not to hear, he refuses to listen.

Il ne l'entend pas de cette oreille.
Il n'est pas d'accord, il n'accepte pas.
He doesn't agree, he doesn't accept.

Ça m'a mis la puce à l'oreille.
Ça a attiré mon attention et ça m'a fait comprendre ce qui se passait.
It alerted me, it gave me a clue, it caught my attention and made me realise what was happening. Literally, it put a flea in my ear.

Les murs ont des oreilles.
Il faut se méfier, parler moins fort et être plus discret.
Walls have ears, we must be careful, speak lower and be more discreet.

Tu peux dormir sur tes deux oreilles.

Tu peux (me) faire confiance, tu peux être tranquille.

You can sleep on both ears, you can trust (me), you can be confident.

Tirer les oreilles à quelqu'un.

Je vais lui tirer les oreilles = dire ce que je pense vraiment de lui (d'elle).

To tell somebody off, to tell someone what you really think of them.

Tes oreilles ont dû siffler!

On a parlé de toi.

Your ears must have been burning! We talked about you. (*Siffler* = to whistle).

Avoir un cheveu sur la langue.

Zozoter.

To lisp. Literally, to have a hair on the tongue.

Couper les cheveux en quatre (dans le sens de la longueur).

Aimer compliquer les choses.

To complicate what's easy. Literally, to cut hair in four.

(Il est arrivé) comme un cheveu sur la soupe.

Au mauvais moment.

(He came) at the wrong moment. Literally, like a hair on the soup.

C'est une histoire tirée par les cheveux.

Une histoire incroyable, très exagérée.

This is a doubtful story. (*Tirée par les cheveux* = pulled by the hair).

Ça ne tient qu'à un cheveu, qu'à un fil.

Sa vie ne tient qu'à un cheveu = il est presque trop tard pour le sauver.

This hangs by a thread, it's almost too late.

Il s'en est fallu d'un cheveu, il était moins cinq.

On est arrivé juste à temps, il était presque trop tard.

We arrived just in time, it was almost too late.

Il se fait des cheveux blancs.
Il se fait beaucoup de souci.
He worries a lot.

Elles se sont crêpées le chignon.
Elles se sont battues. (Crêper = arranger sa coiffure).
They scratched each other's eyes out, they had a set-to, a fight.

Ça ne l'a pas défrisée!
Elle n'a pas eu peur.
She was not afraid.

A poil.
Tout(e) nu(e).
Stark naked.

Ça va, c'est au poil!
C'est très bien réglé, c'est en ordre – Le moteur est au poil!
It works like a dream!

Je n'ai pas un poil de sec!
Je suis très mouillé(e).
I am drenched.

Il/elle a du poil au cul!
Il est courageux – Cette expression s'emploie aussi pour les femmes ...
He (she) is courageous. Literally, he/she has a hairy arse.

J'ai roulé ma bosse, j'ai bourlingué un peu partout.
J'ai voyagé un peu partout.
I travelled around a lot. (*Une bosse* = a bump; *bourlinguer* = to sail).

Il a la bosse des maths/ des langues ...
Il est fort en maths/en langues ...
He's very good in maths/in foreign languages ...

Ça lui est resté en travers de la gorge.
Il (elle) n'a pas apprécié.
He/she did not like it at all. Literally, it remained accross his/her throat.

Avoir un chat dans la gorge.

Être enroué(e).

To be hoarse. Literally, to have a cat in the throat.

J'ai un nœud dans la gorge.

Je suis très ému(e).

I am very moved, touched. (*Un nœud* = a knot).

Elle rit à chaude gorge/à gorge déployée.

Elle rit très fort.

She laughs uproariously, loudly.

Jusqu'au cou.

Totalement. – Mon vieux, je suis dans la merde jusqu'au cou!

Totally, completely. Literally, up to the neck.

Gros cou!

Vantard!

Boaster!

Je vais lui tordre le cou!

Je vais le/la tuer!

I am going to kill him/her!

C'est (un) casse-cou.

C'est risqué, il prend souvent des risques.

He/she is a daredevil, it's dangerous. (*Casse-cou* = breakneck).

Avoir les épaules en portemanteau.

Avoir les épaules qui tombent.

To have sloping shoulders. (*Un portemanteau* = a coathanger).

Il a changé son fusil d'épaule.

Il a changé d'avis.

He changed his mind. Literally, he put his gun on the other shoulder.

Jouer des coudes.

On a dû jouer des coudes pour entrer = se forcer un passage.

To elbow one's way (to get in).

Se serrer/se tenir les coudes.
S'entraider. – Faut se serrer les coudes, les gars!
To stick together.

J'ai la situation bien en main.
Je la contrôle parfaitement.
I have the situation well in hand, I control it.

Il dirige (le pays) d'une main de fer.
Avec autorité, sans humanité.
He rules (the country) with a rod of iron, ruthlessly.

Bravo! Tu n'as pas perdu la main!
Tu le fais encore très bien, tu es encore très habile.
Bravo! You still can do it very well! Literally, you haven't lost your hand.

Prendre quelqu'un, quelque chose en main.
S'en occuper personnellement.
To take care of someone/something personally.

Ça y est! ils en viennent aux mains!
Maintenant ils se battent.
They're fighting now!

(Il a fallu lui) prêter main-forte.
(On a dû l')aider.
You had to help somebody, to come to somebody's aid. Literally, we had to lend him/her a strong hand.

Avoir quelqu'un, quelque chose sous la main.
À sa disposition.
To have someone/something to hand, at one's disposal. (*Sous la main* = under the hand).

Il a du sang sur les mains.
C'est un criminel.
There's blood on his hand, he's a criminal, a murderer.

Il a les mains sales.
Il est corrompu.
He's corrupted. (*Sale* = dirty).

Ne pas y aller de main morte.

Faire quelque chose avec vigueur. – Les cambrioleurs n'y sont pas allés de main morte; ils ont même emporté les portes!

To do something without pulling one's punches, vigorously. (*De main morte* = with a dead hand).

Mettre la main à la pâte.

Il a mis la main à la pâte = il a participé à l'effort commun.

To take part in a common effort.

Un homme de main.

Il a laissé le sale boulot à ses hommes de main = à ceux qui effectuent les basses besognes pour leur chef.

A front, a straw man.

Ils ont fait main basse sur (le magot).

Ils ont volé (le trésor).

They stole (the pile, the treasure).

Prendre quelqu'un la main dans le sac.

Elle a été prise la main dans le sac = sur le fait, au moment où elle agissait.

To catch someone red-handed. (*La main dans le sac* = the hand in the bag).

J'en mettrais ma main au feu, j'en mettrais ma main à couper.

J'en suis tout à fait certain.

I am absolutely certain of it. (*Au feu* = in the fire; *à couper* = to be cut).

Avoir un poil dans la main.

Cet ouvrier a un poil dans la main = il ne travaille pas, il est fainéant.

To be bone idle. Literally, to have a hair in the hand.

Il dort à poings fermés.

Profondément.

He sleeps deeply. (*À poings fermés* = with (one's) fists closed).

A bras raccourcis.

Il lui est tombé dessus à bras raccourcis = il l'a attaqué(e) par surprise. (Raccourcis = repliés pour mieux frapper).

By surprise, to lay into somebody.

(Il distribue les coups) à tour de bras.

Violemment, de toutes ses forces.

(He delivers punches) in all directions, energetically.

Etre dans les bras de Morphée.

Dormir.

To sleep. Literally, to be in Morpheus' arms. (Morpheus is the god of dreams.)

(Il est tombé) les bras en croix.

Il est mort.

He died. Literally, (he fell) with his arms outstretched.

Avoir quelqu'un/quelque chose sur les bras.

Faire quelque chose, s'occuper de quelqu'un sans plaisir. – Hier, j'ai eu mon petit frère sur les bras. toute la journée!

To take care of somebody/something without pleasure.

Un bras droit.

C'est le bras droit du patron = son principal assistant.

The right hand man.

Gros comme le bras.

Il a fait une erreur grosse comme le bras = elle n'est pas passée inaperçue.

To make a big mistake.

Les bras m'en tombent!

Je n'arrive pas à le croire! – Elle a épousé ce vieux chnoque ... les bras m'en tombent!

I cannot believe it! Literally, my arms are falling.

Avoir le bras long.

Attention, mon papa, il a le bras long! = il a de l'influence, il connaît des gens bien placés.

To have a lot of influence.

Il joue les gros bras.
Il montre qu'il est fort.
He shows he's strong.

A la force du poignet.
Il a réussi à la force du poignet = grâce à sa volonté et à ses efforts.
(To succeed) thanks to one's own will.

La Veuve Poignet.
Il va voir la Veuve Poignet = il se masturbe.
Masturbation.

C'est mon petit doigt qui me l'a dit!
Je le sais mais je ne te dirai pas comment!
A little bird told me that (I will not tell you how I know it!)

Il n'a pas levé/remué le petit doigt.
Il n'a rien fait du tout.
He did not move/lift a finger (to help).

S'en mordre les doigts.
Il lui a demandé de l'épouser. Elle a refusé, l'idiote! Et maintenant, elle s'en mord les doigts = elle le regrette amèrement.
To kick oneself over something, to regret to have/not to have done something.

Etre à deux doigts (de réussir).
Il est sur le point de réussir.
To be a whisker away from succeeding.

(Il connaît sa leçon) sur le bout des doigts.
Parfaitement.
Perfectly. Literally, (he knows his lesson) at the tip of his fingers.

Ils s'entendent comme les doigts de la main.
Ils s'entendent parfaitement.
They're like brothers, they're as thick as thieves, they're hand in glove, they understand each other perfectly.

Il m'obéit au doigt et à l'œil.

Complètement et immédiatement. – Cette expression est fréquemment utilisée pour parler d'un animal.

I rule him with a rod of iron, he obeys me without an argument, totally, immediately.

Elle a des doigts de fée.

Elle est très habile.

She's very clever with her hands. Literally, she has the fingers of a fairy.

Donner un coup de pouce.

Je vais te donner un coup de pouce = je vais t'aider.

To give (something) a bit of a boost, to help somebody.

Se tourner les pouces.

S'ennuyer, n'avoir rien à faire. – Elle se tourne les pouces à longueur de journée.

To twiddle one's thumbs, to have nothing to do.

Ils ont eu une prise de bec.

Ils se sont disputés, ils se sont engueulés.

They had a squabble, an argument. (*Le bec* = the beak).

Bec et ongles.

Elle a défendu ses enfants bec et ongles = de toutes ses forces, avec toute son énergie.

(She defended her children) with all her strength.

Jusqu'au bout des ongles.

Totalement. – Il est conservateur jusqu'au bout des ongles.

Totally. (*Les ongles* = nails).

Avoir les ongles en deuil.

Des ongles très sales.

To have very dirty nails. Literally, to have mourning nails.

Avoir bon dos.

Il a bon dos, le temps! = ce n'est pas le temps qui est responsable de votre retard!

It's easy to blame it (on the weather).

En avoir plein le dos.

J'en ai plein le dos de ce travail! = j'en ai assez!

To be fed up (with something).

Sur le dos.

Ce môme, je l'ai eu sur le dos toute la journée! = j'ai dû m'en occuper toute la journée.

(To have somebody) on one's back.

Ils cassent du sucre sur son dos.

Ils le/la critiquent en son absence.

They criticize someone in their absence.

Se mettre quelqu'un à dos.

Aie! Je me suis mise mon chef à dos = il est contre moi.

To get on the wrong side of somebody.

Elle m'est tombée sur le râble.

Elle est arrivée sans prévenir. (Le râble = le dos).

She laid into me, surreptitiously. (*Le râble* = the back).

Je veux savoir ce qu'elle a dans le ventre.

Je veux connaître ses intentions.

I want to know what her intentions are.

Il n'a rien dans le ventre.

Il n'est pas courageux, il n'a pas de volonté.

He has no guts, no courage, no willpower.

Mon ventre crie famine.

J'ai très faim.

I am very hungry.

Tu as pris du ventre!

Tu as grossi!

You put on weight!

Se mettre à plat ventre devant quelqu'un.

Exagérer dans sa volonté de plaire.

To grovel before somebody/at somebody's feet.

Le bas-ventre.
Euphémisme pour la région génitale.
The region below the belt.

Ça me/lui fait une belle jambe!
Je m'en moque, il/elle s'en moque.
I don't care, he/she doesn't care! (*Une belle jambe* = a pretty leg.

Faire des ronds de jambe à quelqu'un.
Être exagérément poli(e) dans l'espoir de plaire.
To be overly polite to somebody.

Tenir la jambe à quelqu'un.
Il m'a tenu la jambe pendant une heure! = il a parlé pendant une heure sans me laisser placer un mot.
To keep talking to someone (for hours).

Elle est tout le temps dans mes jambes.
Elle me dérange sans arrêt.
She doesn't leave me alone for a moment.

Il a pris ses jambes à son cou.
Il s'est enfui.
He took to his heels. Literally, he took his legs to his neck.

Se croire sorti(e) de la cuisse de Jupiter.
Se croire très important(e), par orgueil. – Allusion à la naissance de Bacchus.
To think one is God's gift to the world. Literally, to believe to have come out of Jupiter's thigh.

Etre sur les genoux.
Être très fatigué(e). – Je suis sur les genoux!
To be on one's knees, exhausted.

Ses genoux jouent des castagnettes.
Il/elle a peur/froid.
His/her knees are knocking, he/she's afraid/cold. (*Les castagnettes* = castanets).

Ne pas arriver aux chevilles de quelqu'un.

Il ne lui arrive pas aux chevilles! = il lui est très inférieur.

To be hardly in the same league as somebody, to be inferior to somebody.

Elle a les chevilles enflées.

Elle est très satisfaite d'elle-même.

She gets big-headed. Literally, she has swollen ankles.

Il y a un os.

Il y a un problème.

There is a problem. Literally, there's a bone.

Tomber sur un os.

Je suis tombé(e) sur un os = j'ai un problème.

To have a problem. (*Tomber* = to fall).

Faire des vieux os.

Il ne fera pas de vieux os = il ne restera pas longtemps ici, il ne vivra pas longtemps.

He will never make old bones, he will not hang around here forever.

C'est un sac d'os.

Il/elle est très maigre.

He/she's skinny. Literally, he/she's a bag of bones.

En chair et en os.

En personne. – Il est là, en chair et en os.

(He came) in person. Literally, in flesh and bone.

L'avoir dans l'os.

Tu l'as dans l'os! = tu n'as pas obtenu ce que tu voulais, c'est bien fait pour toi!

That will teach you! Literally, to have it in the bone.

Tu es trempé jusqu'aux os!

Tu es tout mouillé.

You're soaked to the skin!

Je me tiens les côtes.

Je ris très fort.

I'm laughing out loud. Literally, I'm holding my ribs.

Il risque sa peau.

Il est dans une situation dangereuse.

He risks his skin, his life.

Je tiens à ma peau!

À la vie, à rester vivant.

I value my life!

Battre de l'aile.

L'économie du pays bat de l'aile = elle donne des signes de défaillance.

To have fallen off, to be struggling.

Avoir du plomb dans l'aile.

Ton projet a du plomb dans l'aile = il risque de ne pas se réaliser.

To be in a sorry state, in a bad way/shape. Literally, to have lead in the wing.

Voler de ses propres ailes.

Être capable de faire quelque chose sans aide.

To stand on one's own two feet, to be able to do something without help. Literally, to fly with one's own wings.

Il lui a volé dans les plumes.

Il a foncé sur lui pour le battre.

He flew at him, he gave him a beating. (*Les plumes* = feathers).

Tu n'as pas de cœur.

Tu n'es pas gentil.

You're heartless.

Avoir un cœur d'amadou.

Avoir un cœur qui s'enflamme facilement, être facilement amoureux.

To fall easily in love. (*L'amadou* = touchwood, tinder).

Avoir un cœur de pierre.

Méchant.

To be naughty.

Avoir un cœur en or.
Très bon.
To be a very good person.

Avoir le cœur gros.
Être triste.
To be sad.

D'accord, mais le cœur n'y est pas.
Je le fais sans plaisir.
I do it without pleasure.

Loin des yeux, loin du cœur.
On ne pense plus beaucoup à (ce) qui est loin de soi.
Out of sight, out of mind.

Tenir à cœur de quelqu'un.
Ce projet me tient à cœur = j'aimerais vraiment le réaliser.
To be close to one's heart.

Je veux en avoir le cœur net.
Je veux vérifier quelque chose, savoir si c'est vrai, si ça fonctionne.
I want to check it, to be sure of it.

Avoir des haut-le-cœur.
Avoir envie de vomir.
To retch.

Avoir l'estomac dans les talons.
Avoir très faim.
To be famished. Literally, to have the stomach in the heels.

Ça m'est resté sur l'estomac.
Je ne l'ai pas oubliée, cette chose désagréable/cette mauvaise nouvelle ...
I have not forgotten (this bad news).

Avoir le cœur/l'estomac bien accroché.
Ne pas être sensible aux émotions, aux dégoûts; pouvoir regarder un cadavre sans s'évanouir p.ex.
To have a strong stomach, not to be sensitive.

Il n'a pas d'estomac, il n'a pas de couilles, il n'a rien dans les tripes.
Il n'est pas courageux.
He has no guts.

Il/elle a des couilles au cul.
Il est courageux. – Cette expression s'emploie aussi pour les femmes ...
He/she's courageous.

Se faire de la bile.
Ne te fais pas de bile! = ne t'en fais pas pour ça, ça va s'arranger.
To fret, to worry.

Amène ta viande!
Viens!
Come here! Literally, bring your meat (over here)!

(Mon mec,) je l'ai dans le sang!
Je ne peux pas m'en passer, je l'aime.
(My man), I've got him under my skin. Literally, I have (him) in my blood.

Taper/porter sur les nerfs.
Elle commence à me taper sur les nerfs! = elle m'énerve, je vais me fâcher.
To get on somebody's nerves.

(Pour avoir mes sous,) il faudra d'abord passer sur mon corps!
Il faudra me tuer avant!
(You'll get my money) over my dead body, you'll have to kill me first!

3. L'habit fait-il le moine? – Can you judge a book by its cover?

Il est en costume d'Adam.
Il est tout nu.
He's completely naked. Literally, he's in Adam's suit.

Il est vêtu comme l'as de pique.

Il est très mal habillé.

He's very badly dressed. Literally, he's dressed like the ace of spades.

Il est bien sapé.

Il est bien habillé.

He's well dressed.

Elle est toujours tirée à quatre épingles.

Elle est toujours impeccablement habillée.

She's immaculately dressed. (*Une épingle* = a pin).

(Elle porte des vêtements) tape à l'œil.

Très voyants, (des vêtements) aux couleurs criardes/vives.

She's garishly dressed.

Il a retiré son épingle du jeu.

Il a réussi à se retirer d'une affaire délicate, d'une situation difficile.

He got out while the going was good.

Il a l'étoffe d'un (général).

Il a les capacités, les qualités pour devenir (général).

He has what it takes to be a (general).

C'est une explication (toute) cousue de fil blanc.

C'est une explication grossière, peu crédible.

It's plain for all to see, you can see through their story. Literally, it's an explanation sewn with white thread.

De fil en aiguille (on a retrouvé l'assassin).

(On l'a retrouvé) par des indices qui ont laissé une piste, grâce à une suite, une série de signes qui se sont accumulés.

One thing leading to another (the murderer was discovered). (*Une aiguille* = a needle).

Porter le chapeau.

Être considéré comme responsable de quelque chose. – Je refuse de porter le chapeau!

To carry the can, to take the blame. (*Le chapeau* = the hat).

Chapeau! je te tire mon chapeau!
Je te félicite, bravo!
Bravo! (I take) my hat off to you!

Il retourne sa veste, il tourne casaque.
Il change brusquement d'opinion.
He changes his opinion, he changes sides, he turns and runs. (*La veste, la casaque* = the jacket).

Un blouson noir.
Dans les années 50-60, un jeune homme dont la vie est centrée sur la moto, la violence et la délinquance.
A rocker, a lout in black leather jacket.

(Il vend des cigarettes) sous le manteau.
Illégalement.
(He sells cigarettes) illegally, illicitly. Literally, (he sells cigarettes) under the coat.

C'est une autre paire de manches!
C'est une chose complètement différente. – Le pilote a réussi à atterrir mais comment va-t-il survivre seul au milieu du désert? Ça, c'est une autre paire de manches!
It's a different ball game. Literally, it's another pair of sleeves.

Elle rit sous cape.
Elle rit sans le montrer.
She laughs up her sleeve. She laughs without showing it.

(Pour lui parler,) je ne prends pas de gants!
Je le fais vigoureusement, sans ménagement.
I don't pull any punches (when talking to him). (*Des gants* = gloves).

Souple comme un gant.
(Une personne) docile, conciliante.
A very docile, conciliatory person.

(Cette veste) te va comme un gant.
(Elle) te va très bien.
(This jacket) fits you like a glove.

Elle se serre la ceinture.

Elle se prive de nourriture.

She tightens her belt.

Attachez vos ceintures!

Faites attention, il va y avoir du danger!

Fasten your seatbelt, everybody watch out!

Ils ont passé/réussi l'examen dans un mouchoir de poche.

Ils ont réussi tout juste.

They barely made it. (*Un mouchoir de poche* = a pocket handkerchief).

Nous avons usé nos fonds de culotte sur les mêmes bancs.

Nous avons été à l'école (primaire) ensemble, nous sommes de vieilles connaissances.

We've been at school together. Literally, we wore out the seat of our pants on the same (school) benches.

Il a trouvé chaussure à son pied.

Il a trouvé une partenaire qui lui convient.

He found the right person (to live with). Literally, he found a shoe for his foot.

C'est du jus de chaussettes!

C'est une mauvaise boisson (café ...).

This drink is awful, it tastes like dishwater! Literally, this is sock's juice!

Le bas de laine.

Les économies, la tire-lire.

The nest egg, the savings. Literally, the woolen stocking.

Il est à ma botte.

Il m'obéit complètement.

He's under my heel, he obeys me totally.

Elle est bien dans ses pompes/ses baskets.

Elle est décontractée/à l'aise.

She's relaxed.

Tu es à côté de tes pompes!

Tu n'es pas dans ton état normal, tu rêves, tu ne sais pas ce que tu fais ... (Les pompes = les chaussures).

You're not with it, you're away with the fairies! (*Les pompes* = shoes).

Tu raisonnes comme une pantoufle!

Tu dis n'importe quoi!

You talk nonsense! Literally, you think like a slipper!

Le/la voilà qui arrive avec ses gros sabots!

Cette expression s'emploie lorsque l'on voit arriver quelqu'un dont on connaît les intentions ou les désirs qu'il/elle essaye tant bien que mal de dissimuler.

This expression is used when someone sees somebody coming who hopelessly tries to hide their intentions. (*De gros sabot* = big clogs).

Elle ne le quitte pas d'une semelle.

Elle le suit partout.

She sticks to him like a leech. (*Une semelle* = a sole).

Il veut redoré son blason.

Il veut récupérer son honneur, sa réputation.

He wants to restore his reputation.

Un pépin.

Un parapluie.

An umbrella.

Ceux-là, je les mets (tous) dans le même sac.

Je les considère (tous) de la même façon.

I lump them all together.

J'ai plus d'un tour dans mon sac!

Je suis débrouillard. (Un tour = de la ressource).

I can look after myself. Literally, I have more than one trick in my bag.

4. L'apparence. – The appearance

C'est (son père) tout craché.
Il (lui) ressemble beaucoup.
He's the splitting image of (his father).

Un déménageur de pianos, un mastoc, une armoire à glace, un baraqué, un malabar, un balaise, un hercule.
Un homme très musclé et très fort. – Ce boxeur est une vraie armoire à glace.
Someone built like a tank, a strong man.

Une asperge, une perche, une grande bringue.
Une personne très grande et plutôt mince. – Elle a un mètre quatre-vingt-dix. Quelle perche!
A beanpole, a tall and slim person.

Un nabot, un avorton, un résidu de fausse couche.
Une personne très petite. – Tais-toi, avorton! (Injurieux)
A very small person, a dwarf, a runt. (Offensive)

Une tête d'œuf.
Une personne chauve ou qui a le cerveau lent.
A bald fool.

Maigre, maigrichon(ne), un squelette ambulant.
Une personne trop mince. – Il est maigre comme un clou!
Thin as a rake, a walking skeleton.

Un pot à tabac.
Une femme petite et grosse.
A potbellied person.

Un boudin, une horreur, une erreur de la nature, un cauchemar.
Une personne vraiment moche. – T'as vu celle-là? Quel boudin! (Injurieux)
An ugly looking person. (offensive, usually for women)

Un beau gosse, un joli cœur. Avoir de la gueule.
Un bel homme. – Il est bête mais il est beau gosse.
A handsome man. To be attractive.

Etre bien balancée, être bien roulée, être bien foutue, avoir une belle carrosserie.

Une belle femme. – Elle est bien roulée mais elle marche comme un canard.

A pretty woman. A nice bit of stuff.

Elle a de beaux restes.

Elle est encore assez belle pour une femme de son âge.

She's still well preserved!

Rouler des mécaniques.

Gonfler ses muscles pour impressionner quelqu'un.

To swagger along, to show one's muscles to impress somebody.

Un gros plein de soupe, un gros lard, un gros patapouf, sa longueur rentre dans sa largeur.

Un gros homme.

A very fat man.

Il se tient droit comme un i.

Il se tient très droit.

He holds himself very upright.

Elle est plate comme une planche à repasser.

Elle a des seins de très petite dimension.

A small-breasted woman. Literally, she's as flat as an ironing board.

Se déplumer, perdre ses plumes.

Perdre ses cheveux.

To lose one's hair. (*Une plume* = a feather).

Porter une moumoute.

Avoir une perruque.

To wear a wig.

Mettre les flaps.

Avoir de grandes oreilles.

To have large ears.

Etre dur(e) de la feuille.
Entendre difficilement.
To be hard on hearing.

Avoir un oeil qui dit merde à l'autre.
Être myope.
To be short-sighted. Literally, to have an eye that says shit to the other.

Etre crado, sentir à dix pas, faire tomber les mouches.
Qu'est-ce qu'il est crado! = sale.
To be dirty and to stink. (*Faire tomber les mouches* = to send the flies crashing).

5. **Les pépins de santé.** – Health problems

Je vais attraper la crève.
Je vais tomber malade.
I'll catch a chill, I'm going to be sick.

J'ai la crève.
Je suis malade.
I am sick.

Je crève de mal.
J'ai très mal.
It hurts a lot.

Je m'esquinte la santé.
Je m'abîme la santé.
I'm ruining my health.

Je suis esquinté(e)!
Je suis très fatiqué(e).
I wore myself out, I'm exhausted.

Ça me donne une indigestion.
Ça me dégoûte.
It disgusts me.

Il a dégueulé/dégobillé/rendu.
Il a vomi.
He puked.

Tu ne sens pas la rose! tu chlingues!
Tu pues!
You stink!

Tu sens le fauve, tu pues le bouc!
Tu as mauvaise odeur!
You smell like hell!

Je suis en nage.
Je transpire.
I'm sweating.

Un abreuvoir à mouches.
Une large blessure.
A large wound.

Je pisse du sang.
Je saigne beaucoup.
I'm loosing a lot of blood.

J'ai un coup de barre.
Je suis brusquement très fatigué(e).
I feel drained all of a sudden.

Passer sur le billard.
Être opéré(e). (Le billard = la table d'opération).
To have an operation.

Je suis au bout du rouleau!
Je suis très fatigué(e), je n'en peux plus!
I am at the end of my tether, I am at death's door.

Il est fatigué, il est très fatigué.
En Provence, ces expressions signifient respectivement' il est malade' et 'il est mort'.
In Provence (South of France), these expressions mean respectively. 'he's sick' and 'he's dead'. (*Fatigué* = tired).

Un bigleux, une bigleuse.
Une personne qui porte d'épaisses lunettes.
A poor-sighted person.

Il est sonné.
Il est très surpris, il est évanoui.
He's shattered, groggy.

Je suis malade comme un chien.
Je suis très malade.
I'm very ill. (*Un chien* = a dog).

Elle a une fièvre de cheval, une fièvre carabinée.
Une fièvre très forte.
She has a very high fever. (*Un cheval* = a horse).

Il crache ses poumons.
Il tousse très fort.
He coughs his lungs up.

Elle a le bras en compote.
Le bras cassé.
She has a broken arm.

Il a la courante, la colique, la chiasse.
Il a la diarrhée.
He has the runs, diarrhoea.

Elle est à ramasser à la petite cuiller.
Elle est très malade, blessée, quasi morte.
They have to scrape her up off the road, she's pooped.

J'ai un chat dans la gorge.
Je suis enroué(e).
I have a frog in my throat, I got hoarse. (*Un chat* = a cat).

Je me sens tout drôle.
Je suis mal à l'aise.
I feel funny.

Il est dur de la feuille.
Il est un peu sourd.
He's hard on hearing.

En ce moment, je ne dors que d'un oeil.
Je ne dors pas beaucoup, pas bien.
I sleep with one eye open.

Le pauvre, il a la tête en marmelade, le nez en compote et la jambe en bouillie!
Il est blessé.
Poor lad, he's hurt (at the head, nose and leg)!

Je sens que je vais tourner de l'œil.
Je sens que je vais m'évanouir.
I feel I'm going to faint.

Elle est dans les vapes/dans le cirage.
Elle est momentanément inconsciente.
She passed out.

Il revient à lui, elle revient à elle.
Il/elle se réveille après s'être évanoui(e).
He/she came round.

Il est sourd comme un pot.
Il est presque tout à fait sourd.
He's totally deaf.

Je me suis fait porter pâle.
J'ai dit/prétendu que j'étais malade.
I went sick, I pretented to be ill.

Il a une tête de papier mâché.
Il a l'air malade, fatigué.
He's pasty-faced, he looks ill, tired.

Je suis raplapla, lessivé(e), crevé(e), vanné(e), à bout, à plat.
Très fatigué(e).
I'm worn out.

Tu ne payes pas de mine.
Tu as l'air malade, mal habillé(e).
You look terrible, sick, badly dressed.

Elle est mal en point.
Elle est malade, blessée. – En parlant de quelque chose, cela signifie: en mauvais état. Cette moto est en mal en point.
She's ill, hurt. For things, this expression means 'in a bad state, needing repair'.

Je l'ai senti passer.
J'ai souffert, ça m'a fait mal.
I suffered, it hurt me.

Il sera sur pied (dans une semaine).
Il aura récupéré, il sera debout.
He'll be up and about (in a week).

Il se pique, elle se schnouffe, il se shoote, elle se défonce.
Il/elle se drogue.
He/she's on drugs.

Elle fume un pétard.
Elle fume un joint, de la marijuana.
She smokes a joint.

Il a la vérole, la chaude-pisse.
Il a attrapé une maladie vénérienne.
He caught the clap, a STD (a sexually transmitted disease).

Il faut recharger ses batteries.
Il faut reprendre des forces.
You must recover, build up your strength.

Elle est tirée d'affaire.
Elle est sauvée/guérie.
She's out of danger.

Il se porte comme un chêne, comme le Pont Neuf.
Il va très bien, il est en pleine santé.
He's in very good health. (*Un chêne* = an oak; *le Pont Neuf* is Paris' oldest bridge).

Elle a une santé de fer.
Elle se porte très bien.
She's very healthy. (*Le fer* = iron).

6. Bouh! – Boo!

J'ai la frousse/les jetons/la pétoche/la trouille.
J'ai peur. (Les jetons, prononcer: "chton").
I'm afraid.

Un dégonflé, un froussard, un trouillard, une poule mouillée.
Une personne qui a peur. (Injurieux)
A coward, a wimp. (Offensive)

J'ai la chair de poule.
J'ai peur.
I have goosebumps.

Je ne veux pas me mouiller.
Je ne veux pas être mêlé(e) à une affaire louche, je ne veux pas prendre de risque.
I don't want to stick my neck out (because it's risky or fishy). (*Se mouiller* = to get wet).

J'ai eu chaud.
J'ai eu peur.
I had a narrow escape, I was afraid.

Ça me donne froid dans le dos.
C'est très désagréable, ça me fait peur.
It gives me the shivers, it makes me feel uneasy, it frightens me. Literally, it makes me feel cold in the back.

Je lui ai flanqué la colique.
Je lui ai fait très peur. (Flanquer = donner).
I scared the shit out of him, I gave him the heebie-jeebies. (*La colique* = diarrhea).

Il a fait dans son froc.
Il a eu si peur qu'il a déféqué dans son pantalon.
He was so scared he defecated in his trousers.

Il tremble comme une feuille.
Il a très peur.
He shakes like a leaf.

J'ai les foies.
J'ai très peur.
I have the jitters.

Il m'a foutu une de ces peurs bleues!
Il m'a fait très peur.
He scared the hell out of me.

Elle est blanche comme un linge.
Elle est très effrayée.
She's as white as a sheet.

J'ai les miches à zéro.
J'ai très peur. – Les miches, vous êtes gâtés, signifient à la fois les seins, les fesses et les testicules!
I'm very scared. ('*Les miches*' mean breasts, bums and balls).

II – Les victimes
The victims

1. Les femmes et les enfants d'abord ... – Women and children first ...

Une bonne femme, une nana, une gonze, une gonzese, une poule, une poupée, une minette, une souris, une pépée.
Une femme.
A woman.

Une pouffiasse, une bécasse, une conne, une pétasse.
Une femme stupide. (Injurieux)
A stupid woman.(Offensive)

Une Vénus.
Une femme très belle.
A very pretty woman.

Notre-Dame du moindre effort.
Une femme paresseuse.
A lazy woman. (*Le moindre* = the least). Literally, Our Lady of the smallest effort.

Une femme fatale.
Une femme irrésistible.
An irresistible woman.

Une croqueuse de diamants.
Une femme qui ruine les hommes qui veulent lui plaire.
A gold digger, a woman on whom men spend everything they have. (*Une croqueuse* = a devourer).

Une salope.
Une femme sale ou méchante. (Injurieux)
A bitch, a dirty or naughty woman. (Offensive)

Une vache, une peau de vache.
Le prof, quelle vache! = elle n'a pas de pitié, elle est sévère.
A very harsh person. (*Une vache* = a cow).

Une pucelle.
Une vierge.
A virgin woman.

Une sainte nitouche.
Une fausse innocente, une hypocrite.
A goody-goody, a person pretending to know nothing about sex.

Une vieille fille.
Une femme d'un certain âge qui n'est pas mariée.
An old maid.

Une bobonne, une vieille peau.
Une vieille femme.
An old woman. (*La peau* = the skin).

Une mijaurée.
Une femme prétentieuse.
A little madam, a pretentious woman.

Une mégère.
Une femme insupportable.
A shrew, an impossible woman.

Une allumeuse, une vamp.
Une tentatrice.
A vamp.

Une traînée.
Une fille, une femme de basse condition, qui se comporte mal. (Injurieux)
A slut, a woman who behaves badly. (Offensive)

Une Marie couche-toi-là, un paillasson, elle a les cuisses légères.
Une femme qui fait l'amour avec n'importe qui.
A tart, a promiscuous woman. (*Un paillasson* = a doormat).

Une gouine.
Une homosexuelle.
A lesbian.

Elle a le ballon.
Elle est enceinte.
She's pregnant.

Une faiseuse d'anges.
Une avorteuse.
A backstreet abortionist.

Un gamin, un môme, un moutard, un gosse, un marmot, un mioche, un mouflet, un rejeton, un lardon, un morpion.
Un enfant.
A child (male or female).

Un avorton.
Injure pour un enfant. – Un avorton est un résidu de bidet.
A runt. (Offensive, for children)

Une teigne.
Un enfant insupportable. – La teigne est un parasite.
A nasty piece of work, a very naughty child. (*Une teigne* = a ringworm).

Un enfant de l'amour.
Un enfant né hors mariage, illégitime.
An illegitimate child.

Un microbe, un bout de chou.
Un petit enfant. (Prononcer: "boutchou").
A little child.

La marmaille, la progéniture.
Les enfants.
Children, offspring.

Le manche à bal, le chouchou.
L'élève qui rend des petits services à son professeur afin d'en recevoir les faveurs. – Un manche à bal est un manche de balai.
The teacher's pet, the favourite.

La bête noire (du prof, de la classe).
Le souffre-douleur, la victime habituelle.
The punchbag (of the teacher, of the class). Literally, the black beast.

2. Les hommes et les bagages ensuite ... – Men and luggage afterward ...

Un gars, un mec, un type, un jules.
Un homme.
A man, a guy.

Un loustic.
Un homme amusant, un peu étrange.
A weird chap.

Un guignol.
Un homme ridicule.
A clown.

Un mariole, un zozo, un olibrius, un gugusse.
Un homme qui fait des pitreries pour attirer l'attention.
A weirdo, someone who thinks he's smart, a fool.

Un paillard.
Un homme qui mène une vie de débauche, et qui aime les plaisirs faciles (les femmes, la boisson, les plaisanteries grossières ...).
A bawdy person, someone who likes easy life and cheap pleasure.

Un soiffard, un soûlard.
Un homme qui boit trop.
A boozer, a drinker.

Un fumier, un salaud, un saligaud, un salopard.
Un homme très incorrect, méchant. (Injurieux)
A dirty bastard. (Offensive)

Un enfant de salaud.
Un homme malhonnête, méchant.
A rude and dishonest person.

C'est pas un enfant de Marie! c'est pas un enfant de chœur!
C'est un homme brutal.
A violent man. (*Un enfant de chœur* = an altar boy).

Une tête de lard.

Une personne pas très intelligente.

A mule, a stubborn person.

Un abruti, un âne, un cave, une cloche, un con, un enfoiré.

Un homme stupide.

A stupid man.

Cet étudiant est en dessous de tout!

Il est vraiment minable!

This student is pathetic!

Celui-là, il en tient une (fameuse) couche!

Il est complètement idiot.

He's as thick as a brick/as two short planks, he's totally stupid. (*Une couche* = a layer, a coat).

Un casse-pieds, un casse-pompon, un emmerdeur.

Une personne particulièrement ennuyeuse.

A pain in the neck, a bore.

Un ringard.

Un incapable.

A useless, incompetent person.

Un beau mâle.

Un bel homme.

A sexy man.

Un puceau.

Un homme vierge.

A virgin man.

Un cocu.

Un homme trompé par sa femme. – Cette expression peut aussi avoir une connotation positive. Il a une chance de cocu signifie: il a une chance extraordinaire.

A man whose wife is unfaithful. This expression can also have a positive connotation. (*Il a une chance de cocu* = he has the luck of the devil, he's amazingly lucky.)

Un vieux garçon.
Un homme d'un certain âge qui n'est pas marié.
An old bachelor.

Un chaud lapin, un tombeur, un homme à femmes.
Un homme qui a du succès avec les femmes.
A randy devil, a man successful with women.

Il y a du beau linge (à cette soirée).
Des personnes distinguées, connues, importantes.
Distinguished guests are present (at the party).

Il pète dans la soie.
Il est très riche.
He lives in the lap of luxury, he's very rich. Literally, he farts in silk.

Un bobo.
Une personne à la fois bourgeoise et bohème.
Someone who lives at the same time a middle-class and bohemian lifestyle.

Un poseur.
Une personne qui aime être prise en photo.
A poser, someone who likes too much to have his picture taken.

Un pantouflard, un traîne-savate.
Un homme qui aime rester à la maison.
A stay-at-home.

Un mauvais coucheur.
Une personne désagréable.
An unpleasant person.

Un pisse-froid.
Un homme froid et ennuyeux.
A cold fish, a distant and boring man.

Un pète-sec.
Une personne stricte et autoritaire qui n'aime que la discipline.
An abrupt, autoritarian person.

Un empêcheur de tourner en rond.

Une personne qui empêche les autres de s'amuser.

A spoilsport, a killjoy.

Un oiseau de mauvais augure.

Une personne qui annonce de mauvaises nouvelles.

A person who announces, who predicts bad news. Literally, a bird (who announces a) bad omen.

Un minet.

Un homme efféminé.

An effeminate man. (*Un minet* = a pussycat).

Un pédé, une pédale, une tapette, une tante, une tantouse, une folle.

Un homosexuel.

A queer, a homosexual, a gay.

Il en est.

Il appartient à un groupe de personnes. – Il est homosexuel, il est franc-maçon p.ex.

He belongs to a group of persons; he's gay, he's a Freemason, for instance.

Un m'as-tu-vu, une enflure.

Un homme vaniteux. (Injurieux).

A vain, conceited man. (*M'as-tu vu?* = did you notice me?).

Un frimeur.

Une personne qui prétend pouvoir faire des choses difficiles ou dangereuses.

A show-off, a person who pretends to be able to do something difficult or dangerous. (*Frimer* = to show off, to put on an act).

Petite nature, va!

Tu es un faible, un délicat!

What a weak, frail person you are! This expression is used toward someone who pretends the water is too cold for a swim, for instance.

C'est une force de la nature.
Il est très fort, il n'est jamais malade.
He's a real Goliath, he's very strong and never sick.

Ce type n'est pas à la hauteur.
Il n'est pas compétent.
This guy is not good, not competent enough.

Un gaffeur-né.
Une personne qui ne fait que des bêtises.
A born blunderer.

C'est un vrai danger public!
Il met la vie des autres en danger par son comportement.
He's a menace!

Un chauffeur du dimanche.
Un mauvais conducteur.
A Sunday driver.

Un juillettiste.
Une personne qui prend ses grandes vacances au mois de juillet.
A July holidaymaker.

Un aoûtien.
Une personne qui prend ses grandes vacances au mois d'août.
An August holidaymaker.

Un fêtard, un noceur.
un homme qui aime bien s'amuser.
A reveller, a party animal.

Un pince-sans-rire.
Une personne qui raconte des histoires drôles en gardant son sérieux.
Someone who has a deadpan sense of humour, who remains serious while telling jokes.

Un pilier de bar.
Une personne qui passe son temps dans les bars.
A bar fly, someone who is always propping up the bar. Literally, a bar pillar.

Un poivrot, une éponge.

Un ivrogne.

A drunkard.

Un camé.

Un drogué. (La came = la cocaïne).

A drug addict.

Un radin, un grippe-sous, un pisse-vinaigre.

Un homme qui ne partage pas, qui est près de son argent.

A skinflint, a cheapskate, someone who does not like spending money.

Un pourri, une pourriture.

Un flic pourri = un policier malhonnête.

A crooked, rotten person. In French backslang (*verlan*), *pourri* becomes *ripou* a corrupt policeman).

Un cochon, un gros dégoûtant, un dégueulasse.

Un homme sale.

A dirty man. (*Un cochon* = a pig).

Un butor, un mal embouché.

Un homme grossier, mal élevé.

A lout, a coarse man.

Une canaille, une crapule.

Un homme malhonnête.

A rascal, a crook.

Une charogne.

Un homme abominable. – La charogne est le corps pourrissant d'un animal ou d'un être humain.

A bastard. A '*charogne*' is a rotting carcass or a rotting corpse.

Une balance.

Un homme qui dénonce ses complices à la police.

A (police) informer.

Un faux-jeton, un faux-frère.

Un hypocrite. (Injurieux)

A two-faced person, a false friend. (Offensive)

Un dégonflé, un froussard, un trouillard.

Un homme qui a peur. (Assez injurieux)

A chicken, a coward. (*La trouille* = fear) (Mildly offensive).

Un chialeur, un pleurnichard.

Une personne qui pleure tout le temps.

A crybaby.

Une tête brûlée.

Une personne qui n'obéit pas aux ordres, qui ne respecte pas les règlements, qui agit comme il lui plaît et qui prend des risques inconsidérés.

A daredevil. Literally, a burnt head.

Un casse-cou.

Une personne qui aime prendre de gros risques.

A daredevil. Literally, a break neck.

Un chauffard.

Un conducteur dangereux.

A roadhog, a reckless driver.

Un bûcheur, un bosseur.

Un homme qui aime étudier, travailler.

A swot. (*Bûcher, bosser* = to study, to work hard).

Un flemmard.

Un homme qui déteste travailler.

A lazybones. (*La flemme* = laziness).

Un inspecteur des travaux finis.

Une personne qui prétend donner son avis sur le travail des autres.

Someone who likes to give their opinion about other people's work.

C'est (un assassin, un génie ...) en puissance.

Il pourrait devenir (un assassin, un génie ...).

He could become (a murderer, a genius ...).

(Ton cousin,) c'est pas une lumière!

Il n'est vraiment pas intelligent!

(Your cousin) will never set the world on fire, he's really not bright!

Un puits de science.

Une personne très savante.

A fount of knowledge.

Il n'est pas né de la dernière pluie.

Il n'est pas naïf.

He wasn't born yesterday, he's not naïve. (*La dernière pluie* = last rain).

Un touche-à-tout.

Une personne qui s'intéresse à tout et qui aime expérimenter.

He's a jack of all trades, everything interests him.

Un monstre sacré.

Un grand comédien, un grand artiste.

A superstar.

Un raté.

Un homme qui ne réussit pas dans la vie.

A failure.

Un pauvre bougre.

Un homme qui n'a pas de chance.

A poor devil.

Il tient le haut du pavé.

Il domine les autres.

He heads the field, he dominates others.

Il ne ferait pas de mal à une mouche.

Il est très pacifique.

He wouldn't hurt a fly.

3. Restons en famille ... – Concerning family ...

Le cocon familial.

L'entourage de la famille.

The family circle.

La mère.

La mère Chouard est au lit. (La mère = madame).

Old + name for a female. This expression replaces 'Miss'.

Le père.
Tiens! v'là l'père Chouard qui passe. (Le père = monsieur).
Old + name for a male, ex. Old McDonald is coming!
This expression replaces 'Mister'.

Le paternel.
Mon paternel va être furieux! = mon père.
The father.

Les vieux.
Mes vieux sont cons! = mes parents.
The parents.

Le pépé.
Le grand-père.
The grandfather.

La mémé.
La grand-mère.
The grandmother.

Le tonton.
Tonton Ferdinand = oncle Ferdinand.
The uncle.

La tata.
Tata Agatha = tante Agatha.
The aunt.

Le beauf.
Le beau-frère.
The brother-in-law.

La belle-doche.
La belle-mère.
The mother-in-law.

Le fiston.
Le fils.
The son.

Le frangin.
Le frère.
The brother.

La frangine.
La sœur.
The sister.

C'est un parent du côté d'Adam.
C'est un parent très éloigné.
He's a distant relative.

4. L'âge. The age

Salut, petit!
Petit = jeune.
Hi, kid!

Un jeunot.
Une personne trop jeune pour savoir ou comprendre quelque chose.
A young child.

Tu suces encore ton pouce, t'as encore du lait qui t'coule au menton, tu tètes encore ta mère, tu mouilles encore ton lit!
Tu es trop jeune.
You're wet behind the ears! You're too young.

Un morveux, une morveuse.
Une personne qui a de la morve au nez. – Cette expression s'emploie aussi pour une personne impolie. (Injurieux)
A snotty-nosed child. This expression is also used to qualify an impolite person. (Offensive)

Un(e) touche-pipi.
Un jeune enfant.
A very young child who plays doctors and nurses.

Le bas âge.
La petite enfance.
Early childhood.

L'âge tendre.
l'adolescence.
Adolescence, pre-puberty.

L'âge bête, l'âge ingrat.
Environ 12-16 ans.
The awkward or difficult age, around 12–16.

C'est l'âge ...
(Se dit en parlant des enfants qui font, en général, des bêtises).
This expression is used when commenting on children when they do something stupid.

Il a encore du duvet.
Il est encore imberbe.
He's still young, he's still beardless.

Un(e) ado.
Un(e) adolescent(e).
A teenager.

L'âge mûr.
L'âge adulte.
Maturity.

Je suis majeur(e) et vacciné(e).
Je suis assez grand(e) pour prendre une décision moi-même, je n'ai rien à craindre.
I'm a big boy/girl now.

Un quadra.
Un quadragénaire.
A forty-something.

Le bel âge.
La jeunesse et n'importe quel âge tant que la santé est bonne.
The good age. This expression concerns youth and any age as long as we remain healthy.

Il/elle a (cinquante) piges (dans le buffet), il a (cinquante) berges.
Il/elle a (cinquante) ans.
He/she's (fifty) years old.

Une personne d'un certain âge.
Qui n'est plus jeune mais n'est pas encore vieille.
A middle-aged person.

Une personne du troisième âge.
Qui a plus de 60/65 ans.
An elderly person.

Le quatrième âge.
Qui a plus de 75 ans.
The very old people.

Une personne de grand âge, une personne qui a un âge avancé.
Il fait encore du vélo malgré son grand âge = c'est une vieille personne.
A very old person, a person of great age.

L'ancêtre.
Une personne très âgée.
An old man/woman. This expression is slightly sarcastic.

Les petits vieux.
Les vieilles personnes. – Expression bénigne.
The old people. This expression is rather benign.

Le pépère, la mémère.
Le vieil homme, la vieille femme. – Expressions légèrement moqueuses.
The granddad, the old man, the granny. These expressions are slightly sarcastic.

Les vioques (viocs).
Les vieux. – Expression assez péjorative.
The old men/women. This expresion is rather pejorative.

La vieille peau, le vieux chnoque, le vieux débris.
La vieille personne. – Expressions très péjoratives.
The old wreck, the old fart. These expressions are very pejorative.

Une vieille barbe.
Une vieille personne ennuyeuse.
An old fogey, an old and boring person.

Une vieille taupe, une vieille chouette, une vieille rombière, une vieille bique, une vieille toupie.

Une vieille femme. (Injurieux)

An old bag. (Offensive) (U*ne taupe* = a mole; *une chouette* = an owl; *une bique* = a nanny-goat; *une toupie* = a humming top.)

Il/elle a pris de la bouteille.

Il/elle a vieilli.

He/she's getting on, she/he's getting old.

Il/elle n'a pas l'âge de ses artères!

Il/elle est encore en bonne santé pour son âge.

He/she's still in good shape despite their age.

Ce n'est plus de mon âge!

Je suis trop vieux pour (faire/subir) ça!)

I'm too old for that!

Un gâteux, une gâteuse.

Il est complètement gâteux! = il est trop vieux pour savoir ce qu'il fait.

A senile person, a dodderer.

Il est retombé en enfance.

Il est devenu gâteux.

He lapsed into second childhood, he became senile.

Un vieux croulant.

Une personne qui ne tient (presque) plus debout.

A decrepit old man. This expression is very pejorative.

Prendre un coup de vieux.

J'ai revu Roger hier soir. Eh bien, il a pris un de ces coup de vieux! = il a vieilli brusquement, subitement.

To age suddenly.

Il sucre les fraises.

Il tremble à cause de son âge.

He's doddery, he shakes because of his age. Literally, he put sugar on the strawberries.

Il tombe en pièces détachées.

Il est en très mauvais état. Cette expression s'emploie aussi pour les objets (une voiture p.ex.).

He falls into pieces. This expression is also used for things, for instance a car.

Un vieux de la vieille.

Quelqu'un qui a beaucoup d'expérience.

He's an old hand.

Il/elle est increvable! il/elle nous enterrera tous!

Il/elle ne mourra jamais! Ces deux expressions expriment soit le dépit - lorsqu'on attend un héritage - soit l'admiration et l'on n'hésite pas alors à les utiliser devant l'ancêtre en question: tu nous enterreras tous, pépé!

He/she'll live forever! These expressions express bitter disappointment - when one is looking for inheritance - or admiration. In the last case, they can be said aloud with a big smile in front of the person concerned: Grandpa, you'll outlive us all!

5. **Les gens.** – People

Machin, machin-chouette, chose, truc, trucmuche, l'autre.

Termes utilisés pour désigner quelqu'un dont on a oublié le nom.

Words used to refer to someone whose name you can't remember.

Le commun des mortels.

Les gens ordinaires, vous et moi.

Ordinary, common mortals like you and I.

Une tête de pipe.

Une personne. – Ça coûte dix francs par tête de pipe = par personne.

A person. (*Par tête de pipe* = per person).

Monsieur tout le monde.

N'importe qui, le Français moyen.

Anybody, the average Frenchman.

Il y a trois pelés et un tondu.

Il n'y a presque personne.

There is one man and his dog, the place is almost empty. This expression is used when for instance there is almost nobody at a concert. Literally, there's three bald and one closely cropped men.

C'est bibi.

C'est moi. – Et qui c'est qui va encore devoir payer les pots cassés? C'est bibi!

It's me.

Ma pomme.

Les ennuis, c'est toujours pour ma pomme! = pour moi.

Me. Literally, my apple.

Un copain, une copine, un pote, un poteau.

Un(e) ami(e).

A friend, a pal, a mate.

Un(e) petit(e) ami(e).

Un(e) partenaire de jeu ou de cœur.

A boyfriend, a girlfriend.

(Comment vas-tu,) vieille branche/vieille noix?

Mon vieil ami.

(How are you doing,) my old friend?

Ils s'entendent comme larrons en foire.

Ils se comprennent comme de vieux amis.

They are as thick as thieves, they understand each other perfectly. (*Comme larrons en foire* = like thieves in a fair).

6. **Leurs rares qualités ...** – Their rare qualities ...

Il est sage comme une image.

C'est un enfant calme.

He's as good as gold.

Un super mec, une super nana.

Se dit pour l'apparence physique, l'intelligence ou les qualités du caractère.

A gorgeous man/girl. These expressions are used to describe someone's outstanding physical features, intelligence and character.

Ouah! le mec, hé!

Se dit pour l'apparence physique ou pour les signes extérieurs de richesse: voiture, piscine ...

My! What a man! This expression is used to refer to physical features and outward signs of wealth such as a car, swimming pool...

Il est génial!

Il est très intelligent, tout le monde l'admire.

He's brilliant, he's great!

Il est balèze.

Il est grand et fort.

He's hefty, big and strong.

Il est solide comme un roc.

Il est robuste et d'une excellente santé.

He's as solid as a rock.

Il a de la poigne.

Il a de l'autorité.

He's strong, he has a lot of authority, he makes himself obeyed.

Il/elle a de la classe!

Il/elle est élégant(e).

He/she's got class!

Vise-moi cette gonzesse!

Regarde cette belle femme!

Get a load of that chick! Take a look at that bird!

Elle est bien tapée/roulée/balancée, celle-là! Quelle carrosserie!

Elle est bien faite, elle est belle.

She's a nice bit of stuff! (*La carrosserie* = bodywork).

Elle est belle à se mettre à genoux.
Elle est extrêmement belle.
She's extremely pretty. (*Se mettre à genoux* = to kneel).

Elle est bien nippée/sapée.
Elle est bien habillée.
She's well dressed. (*Les nippes* = clothes).

Y a du monde au balcon.
Elle a de gros seins.
She has big breasts. Literally, there's a lot of people on the balcony.

Etre branché, être dans le vent.
Côté musique, il est branché = il s'y connaît.
To be with it, trendy. (*Le vent* = the wind).

Avoir le compas dans l'œil.
Être très observateur, avoir le sens de la précision.
To have a good eye.

C'est une bonne âme.
C'est une personne sentimentale, un peu naïve, toujours prête à rendre service, à se dévouer.
He/she's a kind soul.

Il est à la page, elle est branchée.
Il/elle est moderne.
He's up-to-date, she's trendy.

Il a les idées larges.
Il est tolérant, il a l'esprit ouvert.
He's broad-minded.

Un bûcheur, une bûcheuse.
Un étudiant très travailleur. (Bûcher = travailler).
A swot. This expression has a very positive connotation.

Un bourreau de travail.
Un travailleur acharné.
A workaholic.

Il/elle a fait ses preuves.
Il/elle a de l'expérience, une bonne réputation, on peut lui faire confiance, on peut se fier à lui/elle.
He/she proved we can trust them, that they're efficient.

7. **Leurs innombrables défauts ...** – Their innumerable shortcomings...

C'est de la mauvaise herbe!
C'est un méchant enfant.
He's a naughty child.

C'est de la graine d'assassin, ça!
Il sera assassin quand il sera grand.
They'll come to a bad end!

Un blanc-bec.
Un jeune homme prétentieux et inexpérimenté.
He's a greenhorn, he's pretentious and inexperienced.

Il n'a pas l'étoffe d'un (général).
Il ne sera jamais (général), il n'en a pas les qualités.
He doesn't have the makings of (a general).

Quel con! Quelle conne! Un connard, une connasse.
Un homme/une femme stupide. (Injurieux)
(He/she's) bloody stupid! A shitface, a stupid person. (Offensive)

Qu'est-ce qu'elle cocotte!
Elle a mis trop de parfum.
She stinks, she put on too much cheap perfume!

Tu es con comme un balai! tu es vraiment le roi des cons!
Tu es vraiment stupide!
You're as thick as two short planks! You're really stupid!

C'est pas un génie!
Il est stupide!
He's not exactly a genious!

Il ne manque pas d'air, il a du culot, il est culotté, il a du toupet.

Il ne craint pas de dire haut et fort ce qu'il pense, de s'adresser à des gens qu'il ne connaît pas.

He has a hell of a nerve, he's got a lot of nerve!

Loufoque.

Il est loufoque = spécial, presque fou.

Very odd, crazy.

Il est sérieux comme un pape.

Très sérieux. – Expression ironique.

He's solemn-faced. This expression has an ironic connotation.

Il est assommant/barbant/chiant/empoisonnant/enquiquinant/rasant, ce prof!

Il est très ennuyeux.

This teacher's really boring!

Quel rasoir/quelle barbe, cette voisine!

Qu'elle est ennuyeuse!

The neighbour's a real bore! (*Un rasoir* = a shaver).

Tu me fais suer!

Tu m'ennuies!

You're bothering me! Literally, you make me sweat!

Il n'a pas inventé l'eau chaude/le fil à couper le beurre/la poudre, elle a une case de vide, il est con comme la lune, elle est bouchée!

Il/elle est stupide.

He/she's stupid. Literally, he hasn't invented hot water/butterwire (cheesewire) powder, she has an empty box, he's as stupid as the moon, she's blocked!

Un propre à rien.

Une personne incapable de faire quoi que ce soit.

A good-for-nothing.

Il/elle a mal tourné.

Il est devenu un criminel. – Elle a mal tourné: maintenant, elle vend de la drogue et elle se prostitue.

He/she turned out badly.

J'ai l'impression de parler à un sourd/un mur!

Je crois que tu ne comprends rien et que je parle pour rien!

I have the impression to talk to a brick wall, I feel I'm talking for nothing!

T'as pas d' jugeote!

Tu n'as aucune intelligence!

You have no common sense!

Tu ne sais rien faire de tes dix doigts!

Tu es un incapable!

You are useless! Literally, you can't do anything with your ten fingers!

Un couillon.

Terme moins sévère que 'con'. (Les couilles = les testicules).

A stupid person. This word is less harsh than *'con'*. (*Les couilles* = balls).

Minus!

Petit. – Terme péjoratif pour quelqu'un que l'on méprise.

Moron! Pejorative word used for someone you despise.

Une lavette, une chiffe molle.

Une personne sans volonté, sans courage.

A wimp, a drip, a person who has no will, no courage.

C'est un garçon manqué.

C'est une fille qui a un comportement masculin.

She's a tomboy, she behaves like a boy.

Etre plat comme une carpette.

Être bassement flatteur.

To be a doormat, to grovel to somebody.

C'est un(e) tordu(e), il/elle a l'esprit tordu.

Il/elle a un comportement, des idées bizarres.

He/she's a nutcase, they have a twisted mind.

Un âne bâté.

Une personne particulièrement bête et têtue. – Le bât est l'équipement qui permet à l'âne de transporter sa charge.

A stupid clot. (*Le bât* = the pack-saddle).

Il croit qu'il est arrivé.
Il imagine à tort qu'il a atteint son objectif et qu'il va pouvoir prendre du repos.
He thinks he's made it, he believes he has succeeded (but he's mistaking).

Elle se prend au sérieux.
Elle se considère plus importante qu'elle n'est en réalité.
She takes herself seriously.

Un(e) mégalo.
T'es mégalo! = tu vois tout trop grand, tu es trop ambitieuse!
A megalomaniac.

Un bêcheur, une bêcheuse, un(e) snob, un(e) snobard(e), un(e) snobinard(e).
Une personne qui singe le comportement naturel des membres de la haute société.
A stuck-up, a snob.

Ellè est gnangnan.
Elle se plaint au moindre effort.
She's silly, she complains each time she has to make an effort.

Elle fait des chichis.
Elle fait des manières, elle n'a pas un comportement naturel.
She always makes such a fuss.

Elle est un peu olé olé!
Elle est très émancipée. – Connotation péjorative.
She's racy. This expression is slightly pejorative.

Elle est paumée, c'est une paumée.
Elle ne réalise pas ce qu'elle fait ni où elle est.
She's lost, she's a misfit, she doesn't know what she's doing or where she is.

Etre vieux jeu, être dépassé.
Oh la la! qu'est-ce que tu peux être vieux jeu! = tu ne vis pas avec ton temps.
To be old-fashioned, to be out-of-date.

Une andouille, un corniaud, une cruche, un énergumène, une gourde, un gugusse, un loustic, une patate, un pedzouille, un phénomène, une tête de linotte, un zigoto, un zigomar.
Quelqu'un qui a fait une bêtise, qui n'est pas particulièrement intelligent.
A fool, a simple-minded person.

Tu crois encore au Père Noël?
Tu es très naïf/naïve!
You are very naïve!

Tu me fais marcher...
Je ne te crois pas, tu me racontes des histoires!
You're pulling my leg!

Héhé! il a marché!
Il m'a cru, je l'ai trompé!
He fell for it, he believed what I said!

Il ne marche pas. Il court!
Il est extrêmement naïf.
He's as gullible as they come! He's extremely naïve.

Un pigeon.
Une personne très crédule.
A sucker, a gullible person.

Une poule mouillée.
Une personne lâche, peureuse.
A chicken, a coward. This expression is mildly pejorative.

Un hurluberlu.
Une personne au comportement bizarre.
An oddball.

Arrête de faire le zouave!
Ne te ridiculise pas devant tout le monde!
Stop fooling around, stop making a fool of yourself!

C'est un(e) sans-gêne.
Il/elle est impolie, il/elle n'a pas de manières.
She's cheeky, bad-mannered.

Il est bébête, cucul, cucul la praline.
Il n'est pas digne d'intérêt.
He's a twit, a jerk.

Il/elle a trouvé son permis dans une pochette-surprise.
Il/elle conduit très mal.
He/she found their driving licence in a Christmas cracker, they don't drive well. (*Une pochette-surprise* = a lucky bag).

Il/elle est bête à manger du foin!
Il/elle est aussi bête qu'un animal.
He/she's got nothing between the ears. Literally, they're stupid (enough) to eat hay!

Un ballot.
Un imbécile.
A fool, a nerd.

8. Les fêlés de l'entonnoir. – Nutcases

Il/elle est cinglé(e), dingue, fada, fêlé(e), frappé(e), maboul(e), malade, marteau, parano, piqué(e), siphonné(e), sonné(e), tapé(e), timbré(e), toqué(e), zinzin.
Fou/folle. – Ces adjectifs sont aussi des noms: un maboul, une vieille timbrée ...
Crazy. These adjectives can also be nouns.

Un(e) arriéré(e), un crétin(e), un(e) débile, un(e) débile mental(e), un(e) dégénéré(e), un(e) demeuré(e), un(e) détraqué(e), un gaga, un gâteux, une gâteuse, un(e) taré(e).
Un fou, une folle. Un mec débile, elle est gaga ...
A fool. These nouns can also be adjectives.

Il est fou à lier!
Il est complètement fou!
He's totally mad! Literally, he's (so) mad (he should be) tied up.

Il a une araignée dans le plafond.
Il est fou. (Le plafond = la tête).
He's crazy. (*Le plafond* = the head). Literally, he's got a spider in the ceiling.

Un secoué du plafond.
Un fou.
A madman. Literally, a person whose ceiling is shaking.

Il s'est mis à danser la tarentelle.
Il est devenu subitement très agité, incontrôlable. – La tarentelle est une danse provoquée, croyait-on, par la piqûre de la tarentule.
He started dancing the tarentella, he suddenly lost his mind and became uncontrollable. (In southern Italy, the Tarentella was believed to be a dance triggered by the sting of a spider, the tarentula).

Il a le coup de bambou, il a perdu la raison.
Il est devenu fou.
He lost his mind.

J'ai perdu les pédales!
Je me suis affolé(e)!
I lost my mind, I panicked!

Un dément.
Un fou furieux.
A raving mad, berserk.

C'est dément!
C'est incroyable, c'est fou! On l'a laissé sortir de prison, c'est dément!
This is insane, unbelievable!

C'est une histoire de fous!
C'est incroyable!
It's absolutely crazy!

Elle n'a plus toute sa tête.
Elle ne sait plus ce qu'elle fait ou ce qu'elle dit.
She doesn't know what she does or says anymore.

Tu as perdu la boule/la boussole/le nord/la tête?
Tu es devenu(e) fou/folle?
Have you lost your mind?

Y a quelque chose qui ne tourne pas rond dans ta tête! Ça ne va pas, non? Tu entends des voix?
Tu es fou! – (Quelque chose, prononcer: "kêkchôz").
You're acting strangely, are you out of your mind, do you hear voices (in your head)?

Tu débloques! Tu dérailles!
Tu es devenu fou?
Are you mad?

T'as pété un plomb? T'as le disjoncteur qui a sauté?
Tu es devenu(e) fou/folle, tu n'as pas pu te contrôler?
Are you losing it? Literally, did you blow a fuse?

III – Les activités
Activities

1. Le statut social et les professions.
Social status and professions

Un bouseux, un cul-terreux, un pécore, un pedzouille, un péquenaud, un plouc.
Un paysan.
A peasant, a farmer.

Un clodo.
Un clochard.
A tramp.

Le populo.
Le petit peuple.
The masses, the crowds (common people).

Le gratin.
La haute société, les personnalités. – Tout le gratin sera là pour le vernissage de l'expo.
The upper crust (of society).

Un gros bonnet, une huile, une grosse légume.
Un personnage important dans les affaires ou dans l'armée.
An important person in business or the army. (*Une grosse légume* = a fat vegetable).

Un rupin.
Uun homme riche.
A wealthy man.

Un richard.
Une personne très riche.
A rich, well-heeled man.

Un fils à papa.
Un jeune homme riche.
A spoiled little rich kid.

Il vit aux crochets de ses parents.
Il ne travaille pas, ses parents lui donnent de quoi vivre.
He sponges off his parents. (*Un crochet* = a hook).

(La calligraphie,) c'est mon dada.
C'est mon passe-temps.
(Calligraphy) is my hobby.

Un banlieusard, un navetteur.
Une personne qui habite en banlieue, qui utilise les transports publics pour aller travailler en ville.
A suburbanite, a commuter.

Un loubar(d).
Un jeune homme au comportement souvent violent, vivant en banlieue et se déplaçant en groupe.
A hooligan.

Un bondieusard, un calotin.
Un homme très dévot.
A Holy Joe, an excessively religious man. These expressions are pejorative.

Un parpaillot.
Un protestant.
A Protestant.

Un cureton, un curaillon.
Un curé, un membre du clergé catholique.
A priest. These expressions are pejorative.

A bas la calotte!
Cri de ralliement des anticléricaux. La calotte désigne la coiffure des prêtres catholiques et donc le clergé.
Down with the cloth! This is the rallying cry of people opposed to the Catholic chuch whose clergymen wear a cap: *'la calotte'*.

C'est l'éminence grise (du Président).
C'est son conseiller secret.
This is the secret counsellor (of the President).

Un politicard, un politicon, un politicaillon.
Un homme politique. – Termes péjoratifs.
A political wheeler-dealer, a bad politician. These expressions are pejorative.

Un(e) soixante-huitard(e).
Une personne qui a participé aux mouvements de protestation de mai 1968 en France.
A participant in the student and workers protest movement of May 1968 in France.

Les Rouges.
Les communistes.
The communists.

Les Verts.
Les écologistes.
The environmentalists.

Les Noirs.
Les anarchistes.
The anarchists.

Un rond-de-cuir.
Un employé de bureau.
A pen-pusher, a person who spends his time dealing with or writing documents.

Un casseur.
Un individu qui profite d'une manifestation pour provoquer des bagarres et se livrer à des destructions.
A rioting demonstrator. (*Casser* = to break).

Un truand.
Un criminel.
A gangster, a mobster.

Un mouchard.
Un indicateur (de police).
A (police) informer.

Un flic, un keuf, un poulet, une vache.
Un policier. (Injurieux)
A policeman. (Offensive)

La flicaille.
La police. (Injurieux)
The police. (Offensive)

Mort aux vaches!
À bas la police!
Kill the pigs! Down with the police! Literally, death to the cows! (Very offensive).

Un barbouze.
Un agent secret.
A secret agent.

Un gorille.
Un membre du service de protection rapprochée.
A bodyguard.

(Mon frère) est sous les drapeaux.
Il fait son service militaire.
(My brother) is doing his military service. (*Sous les drapeaux* = under the flags).

Un milicon.
Un militaire: du soldat au général.
A serviceman (from soldier to general). (Offensive)

Un troufion, un bidasse, un pioupiou.
Un soldat.
A soldier, a squaddie.

Le colon.
Le colonel.
The colonel.

Le gégène.
le général.
The general.

La grande muette.

L'armée.

The army. (*Muet* = dumb).

Un pion.

Un surveillant d'école.

A supervisor (in a school). Literally, a pawn.

Un maton.

Un surveillant de prison.

A screw, a prison warder.

Une bonniche.

Une femme de ménage.

A skivvy, a housemaid.

Un barbouilleur qui vend des croûtes.

Un artiste sans grand talent qui vend des peintures de mauvaise qualité.

A dauber who sells daubs, a bad artist who sells bad quality paintings.

Un écrivaillon.

Un mauvais écrivain.

A hack, a scribbler, a bad writer.

Un croque-note.

Un mauvais musicien.

A bad musician.

Un enfant de la balle.

Un comédien, un acteur dont les parents faisaient déjà le même métier (théâtre, cirque...).

A person who comes from a family of performers (theatre, circus ...).

Un toubib.

Un médecin.

A physician, a doctor.

Un croque-mort.

Un employé des pompes funèbres.

An undertaker. Literally, a dead devourer.

Une madame-pipi.
Une femme qui s'occupe des toilettes publiques.
A woman who takes cares of public toilets.

Un marin d'eau douce.
Un navigateur amateur.
A fair-weather sailor, an inexperienced sailor. Literally, a fresh water sailor.

Un vieux loup de mer.
Un marin expérimenté.
An old salt, an experienced sailor. Literally, an old sea wolf.

Un maquereau, une maquerelle.
Une personne qui contrôle des prostituées.
A pimp, a madam.

Une femme de petite vertu, une putain, une pute, une morue, une femme de mœurs légères.
Une prostituée.
A whore, a prostitute.

Une amazone.
Une prostituée qui racole en voiture.
A prostitute who solicits from a car.

Un travelo.
Un travesti, un homosexuel qui imite le comportement d'une femme.
A drag queen, a transvestite.

2. En bref. – In short

Un(e) ado.
Un(e) adolescent(e).
A teenager.

L'alu.
L'aluminium.
Aluminium.

Un anar.
Un anarchiste.
An anarchist.

L'apéro.
L'apéritif.
The aperitif (an alcoholic drink taken before a meal).

Un aristo.
Un aristocrate, un noble.
An aristocrat.

Le bac, le bachot.
Le baccalauréat.
Baccalaureate (examination sat in the final year of secondary school).

La B.D.
La bande dessinée.
Comic strip, comic book.

Le bénef.
Le bénéfice.
Profit.

La bio.
La biologie.
Biology.

Un chrono.
Un temps mesuré par un chronomètre. – Il a couru le cent mètres en dix secondes chrono.
A length of time measured by a chronometer.

Le ciné.
Le cinéma.
Cinema.

Un coco.
Un communiste. (Attention! Un vilain coco = un homme méchant et nuisible).
A communist. Notice: *un vilain coco* = a bad person. (The two expressions are not related).

Un collabo.

Un collaborateur, une personne qui collabore avec l'ennemi.

A collaborator, a person who collaborates with the enemy.

C.Q.F.D.

Ce qu'il fallait démontrer; en conclusion, c'est comme ça que ça a dû se passer. Ce terme - emprunté aux mathématiques - est utilisé pour montrer l'exactitude d'une démonstration.

QED (quod erat demonstrandum = (that is) what had to be demonstrated).

Un sac en croco.

Un sac en peau de crocodile.

A crocodile bag.

D'ac!

D'accord!

OK!

C't'aprèm.

Cet après-midi.

This afternoon.

C'est vachement dégueu!

C'est vraiment dégueulasse/très sale!

This is really disgusting!

Un dico.

Un dictionnaire.

A dictionary.

Une dia/diapo.

Une diapositive.

A slide.

Un dirlo.

Un directeur.

A headmaster.

Un écolo.

Un écologiste.

An environmentalist.

Un édito.
Un éditorial.
An editorial, a header.

Un érémiste.
Une personne qui touche le R.M.I.. revenu minimum d'insertion.
A person receiving minimum benefit payment (because they are out of work).

Sciences Po.
Les sciences politiques.
Political Science (studies).

Un facho.
Un fasciste.
A fascist.

Un fan, un fana.
Un fanatique, une personne qui adore un sport, une activité, un artiste ...– Je suis un fan des Beatles.
A fan.

Folklo.
Folklorique, vieux jeu. Nuance ironique.
Eccentric. This expression is slightly ironic.

Un frigo.
Un réfrigérateur.
A refrigerator.

La gégène.
La génératrice d'électricité, instrument de torture.
An instrument of torture using electricity.

La géo.
La géographie.
Geography.

Un imper.
Un imperméable.
A raincoat.

Un(e) instit.
Un instituteur, une institutrice.
A primary school teacher.

Un intello.
Un intellectuel. – Nuance péjorative.
An intellectual. This expression is pejorative.

Tout ça, c'est de l'intox!
De l'intoxication, des informations fausses destinées à induire les gens en erreur.
That's just disinformation!

Un labo.
Un laboratoire.
A laboratory.

Un mac.
Un maquereau.
A pimp.

Un maccab.
Un macchabée, un cadavre.
A corpse, a cadaver.

Une manif.
Une manifestation.
A demonstration, a rally.

Un mégalo.
Un mégalomane. – T'es complètement mégalo!
A megalomaniac.

Un mélo.
Un mélodrame, un film mélodramatique.
A tear-jerker.

Un métallo.
Un métallurgiste.
A metalworker.

La météo.
La météorologie.
The weather (forecast).

Une occase.

Une occasion. – Une bonne occase = un bon achat.

An opportunity, a good bargain.

Il est parano, ce mec!

Paranoïaque.

This guy is a paranoiac!

Un PDG.

Un président-directeur général.

A chairman and managing director, a CEO.

Un pédé.

Un pédéraste.

A queer (Offensive), a homosexual.

La philo.

La philosophie.

Philosophy.

Porno.

(Un film) pornographique.

Pornography.

Un prof.

Un professeur.

A professor.

Un prolo.

Un prolétaire.

Proletarian.

Le proprio.

C'est mon proprio = mon propriétaire.

The landlord.

Une pub.

Une publicité.

Advertising, an advertisement.

Un P.V.

Un procès verbal, une contravention pour une infraction aux règles de la circulation.

A fine, a ticket.

Un réac.
Un réactionnaire.
Reactionary.

Une rédac.
Une rédaction.
An essay (for students).

Le rédac-chef.
Le rédacteur en chef d'un journal.
The editor-in-chief.

Un resto.
Un restaurant.
A restaurant.

Rétro.
Rétrograde, dépassé. – Qu'est-ce qu'ils sont rétros, tes parents!
Out-of-date.

Sado-maso.
(Un spectacle) sadique et masochiste.
sadomasochistic.

Un S.D.F.
Une personne sans domicile fixe.
A person of no fixed abode (NFA).

Un smicard.
Une personne qui reçoit le S.M.I.C.: le salaire minimum interprofessionnel de croissance.
A person on a guaranteed minimum wage.

Un sous-off.
Un sous-officier.
A noncommissioned officer.

Les stups.
La brigade des stupéfiants, un corps de police qui s'occupe du trafic de la drogue.
The drugs squad.

Le système D.

La débrouille, le système des débrouillards, les inventions ingénieuses pour répondre aux problèmes de la vie quotidienne.

Resourcefulness.

Une télé.

Une télévision.

A telly, a TV.

Un(e) toxico.

Un(e) toxicomane.

A drug addict.

Un travelo.

Un travesti.

A drag queen, a transvestite.

L'univ, la fac.

L'université, la faculté.

The university.

Un film en v.o.

En version originale.

Original version movie.

3. **Paroles de mômes.** – Kids' talk

Pépé, bon-papa.

Le grand-père.

Grandfather, granddad.

Mémé, bonne-maman.

La grand-mère.

Grandmother, granny.

Tonton.

L'oncle.

Uncle.

Tata.

La tante.

Aunt, auntie.

Le nounours.
L'ours en peluche, le teddy bear.
The teddy bear.

Le toutou.
Le chien.
The dog.

A dada!
À cheval (sur le dos).
To be on a horse.

Le joujou.
Le jouet.
The toy.

Fais pas joujou (avec le flingue de papa)!
Ne joue pas (avec son revolver!)
Don't play (with) daddy's pistol)!

Le lolo.
Le lait.
Milk.

Allez, au dodo!
Il faut dormir. (fais dodo! = dors!).
To bed! *(fais dodo!* = sleep now!).

J'ai bobo!
J'ai mal!
It hurts!

Un (gros) bobo.
Une (grave) blessure.
An injury, a wound that hurts a lot.

(Fais ton) rototo!
Le renvoi que le bébé fait après un repas.
The burp of a baby, after a meal.

(Faire) pipi/popo/trilili.
Trois variantes de l'urine. (Faire la petite commission = uriner).
To have a wee-wee, to urinate.

Fais pas caca/gros popo (dans la voiture)!
Ne défèque pas! (Faire la grande commission = déféquer).
Don't do poo-poo, defecate (in the car)!

Faire un prout.
Faire un pet, péter.
To fart, to brake wind.

Le pèpèt.
Le derrière.
The backside, the behind.

Le zizi.
Le sexe masculin.
The willy.

Attention sinon pan pan cucul!
Attention sinon tu auras une fessée!
I'll give you a smack (on the behind)!

4. Illustrations sonores. – Sound effects

Pour dire oui quand on est forcé, on dit **ouais!**
When we are forced to say yes, we say *ouais!*

Quand on ne comprend pas ou qu'on est étonné, on fait **hein**?
When we don't understand something and we are surprised, we say *hein?*

Quand on hésite ou qu'on ne peut pas répondre à une question, on fait **euh**...! *ou* **ben**...!
When we hesitate or we are unable to answer a question, we say *euh...!* or *ben...!*

Quand on veut se plaindre, on fait **oh la la**!
When we want to complain, we say *oh la la!*

Quand on veut indiquer son refus, on fait **taratata**!
When we want to express our refusal, we say *taratata!*

Quand on est mécontent ou que l'on va se fâcher, on fait **scrogneugneu**!
When we are not satisfied or we are going to get upset, we say *scrogneugneu!*

Quand quelque chose ne nous intéresse pas, on fait **bof!** *ou* **bah!** *en haussant les épaules.*
To show our lack of interest we say *bof!* or *bah!* and we give a shrug.

Quand on veut signaler sa présence à quelqu'un qui se tient à proximité, on fait **hum**!
When we want people to notice our presence, we say *hum!*

Quand on veut appeler quelqu'un ou attirer son attention, on fait **hé**! *ou* **hep**!
When we want to call someone or to draw somebody's attention, we say *hé!* or *hep!*

Quand on veut appeler quelqu'un qui est loin, on fait **ohé**!
When we want to call someone far away, we say *ohé!*

Quand on veut empêcher quelqu'un de faire quelque chose, on fait **hélà**!
When we want to prevent somebody doing something, we say *hélà!*

Quand on est surpris, on fait **eh**! **oh**! *ou* **ah**!
When we are surprised, we say *eh! oh!* or *ah!*

Quand on est très content, on fait **youpi**!
When we are very glad, we say *youpi!*

Quand on a gagné, on fait **hourrah**!
When we win, we say *hourrah!*

Quand on rit, on fait **ha ha ha**! **ho ho ho**! *(ou* **hi hi hi**! *pour les femmes)*
When we laugh, we say *ha ha ha! Ho ho ho!* (or *hi hi hi!* for women)

Quand on pleure, on fait **ouin**! *(ou* **hi hi**! *pour les femmes).*
When we cry, we say *ouin!* (or *hi hi!* for women).

Quand on se réjouit de manger bientôt, on fait **miam miam**!
When we expect to make a good meal, we say *miam miam!*

Quand on avale quelque chose bruyamment, on fait **slurp**!
When we swallow something loudly, it sounds like *slurp!*

Quand on boit quelque chose, on fait **glouglou**!
When we drink something, it sounds like *glouglou!*

Quand on est dégoûté, on fait **beurk! bah**! *ou* **pouah**!
When we are disgusted by something, we say *beurk! bah!* or *pouah!*

Quand on a le hoquet, on fait **hic**!
When we have hiccups, it sounds like *hic!*

Quand on éternue, on fait **atchoum**!
When we sneeze, we say *atchoum!*

Quand on pète, on fait **prout**!
When we fart, it sounds like *prout!*

Quand on tombe, on fait **boum badaboum**! *ou* **patatras**!
When we fall, it sounds like *boum badaboum!* or *patatras*!

Quand on a mal, on fait **aïe**! *ou* **ouille**!
When we are hurt, we say *aïe!* or *ouille!*

Quand on veut effrayer ou surprendre quelqu'un on fait **bouh**!
When we want to scare or surprise someone, we say *bouh!*

Quand on chatouille quelqu'un, on fait **guili-guili**!
When we tickle somebody, we say *guili-guili!*

Quand on parle très longtemps, on fait **patati patata**!
When we talk for a long time, we say *patati patata!*

Quand on marche dans l'eau, on fait **flic flac**!
When we walk in a puddle, it sounds like *flic flac!*

Quand on tombe à l'eau, on fait **plouf**!
When we fall into the water, it sounds like *plouf!*

Quand on frappe quelqu'un, on fait **paf**!
When we hit someone, it sounds like *paf!*

Quand on tire sur quelqu'un ou quelque chose, l'arme à feu fait **pan**!
When we fire at somebody or something, it sounds like *pan!*

Quand on frappe un enfant sur le derrière, on fait **pan pan**!
When we slap a child's backside, it sounds like *pan pan!*

Quand on frappe à la porte, on fait **toc toc toc**!
When we knock the door, it sounds like *toc toc toc!*

Une clé qui tourne dans la serrure fait **clic clac**!
A key turning into a keyhole sounds like *clic clac!*

Une porte qui se ferme fait **clac**!
When a door shuts, it sounds like *clac!*

Une porte qui s'ouvre ou se ferme violemment fait **vlan**!
A door that opens suddenly or slams shut sounds like *vlan!*

Un objet qui se casse fait **crac**!
When an object is broken, it sounds like *crac!*

Le klaxon d'une voiture fait **tût tût**!
The horn of a car sounds like *tût tût!*

Pour faire avancer un cheval, on fait **hue**!
To make a horse move forward, we say *hue!*

Un cheval qui court fait **cataclop cataclop**!
A running horse sounds like *cataclop ctaclop!*

Un train qui avance fait **tchouk-tchouk**!
A running train sounds like *tchouk-tchouk!*

Une ambulance qui passe fait **pin-pon**!
A passing ambulance sounds like *pin-pon!*

Un téléphone qui sonne ou une sonnette qui retentit font **dring**!
When a telephone or a doorbell ring, it sounds like *dring!*

Une moto ou une voiture qui démarre fait **vroum**!
When a motorbike or a car starts, it sounds like *vroum!*

Le tonnerre fait **broum**!
A clap of thunder sounds like *broum!*

Une horloge ou une montre qui battent ou une bombe qui attend d'exploser font **tic tac**!
A clock, a watch or a bomb waiting to explode sound like *tic tac!*

Les feux d'artifice et les gifles font **pif paf**!
Fireworks and slaps on the face sound like *pif paf!*

Quand on a échappé à un danger ou qu'on a fini un travail fatigant, on fait **ouf**!
When we avoid a danger or we complete some arduous work, we say *ouf!*

5. **Le téléphone arabe**. (expressions courantes d'origine arabe) – The grapevine

Il a la baraka!
Il a de la chance.
He's got a lot of luck!

Le barda.
Les affaires, l'équipement. – Il est parti avec tout son barda = il est parti en emportant toutes ses affaires.
The bagage, the gear.

Y en a pas bésef/bézef.
Il n'y en a pas beaucoup.
There ain't much of it.

Un bled.
Un trou perdu, un village, un endroit presque inhabité ou peu accueillant. – Oh la la! dans quel bled j'suis tombé(e)? (Tomber = être arrivé(e)).
A godforsaken hole, a village, a place in the middle of nowhere.

C'est un caïd.
Un chef, une personne qui mène la grande vie.
He's a big shot.

Un chouia.
Un petit peu.
A tiny bit.

Le flouse.
L'argent.
Money.

C'est kif-kif (bourricot).
C'est la même chose, c'est pareil.
It's all the same.

Le ramdam.
Le bruit. Ils font un de ces ramdams!
The noise, the fuss. (From Arabic *Ramadan*).

La smala.
La famille. – Tiens, v' la mon beauf qui débarque avec toute sa smala!
The family, the tribe.

Le toubib.
Le médecin.
The doctor, the physician.

6. Les nationalités et les spécialités régionales. – Nationalities and regional specialities

Attention, nombre de ces expressions ont une connotation raciste prononcée. Nous en recommandons la compréhension mais nous en déconseillons vivement l'emploi.
Be careful. Some of these expressions do have a racist connotation. We can only recommend their comprehension but we advise strongly against their use.

Un amerloque, un ricain.
Un Américain.
An American (a Yankee).

Un angliche, un rosbif.
Un Anglais.
A British (a Brit).

Un boche, un chleuh, un fridolin, un frisé, un fritz, un teuton, une tête de choucroute.
Un Allemand.
A German (a kraut).

Un chinetoque.
Un Chinois.
A Chinese (a Chink).

Un citron.
Un Japonais.
A Japanese (a Jap).

Les Gaulois.
Les Français.
The French (the Gauls).

Un parigot.
Un Parisien.
A Parisian.

Une morue.
Un Portugais.
A Portuguese (a cod).

Un rital, un macaroni.
Un Italien.
An Italian (a wop).

Un ruskof, un ruski.
Un Russe.
A Russian (a Russky).

Un métèque.
Un étranger venant d'un pays méditerranéen.
A wog. This very offensive word is used for someone coming from around the Mediterranean Sea.

Un raton.

Un magrébin.

A young rat. This very offensive word is used for North Africans living in France.

Une ratonnade.

Une attaque en groupe contre un ou plusieurs magrébins.

A racial attack on Arabs (or other minorities).

Un bicot, un moricaud, un noraf.

Un nord-africain.

A North African Arab. These expressions are very offensive.

Un youpin.

Un juif.

A Jew (a yid).

Un bougnoule, un chocolat,un nègre.

Un Noir. (Injurieux)

A Black man. (Offensive)

Un rastaquouère.

Un étranger dont l'allure de nouveau riche paraît suspecte.

A flashy foreigner.

Un crétin des Alpes.

Un idiot.

A moron.

L'Empire du milieu, *la Chine.*

L'Empire céleste.

China.

Le Pays du matin calme.

La Corée.

Korea.

Le Pays du soleil levant.

Le Japon.

Japan.

La perfide Albion.

L'Angleterre.

England.

Il parle petit nègre.

Il parle le français incorrectement. (prononcer: "piti nèg").

He speaks French incorrectly.

Je travaille comme un nègre!

Je travaille très dur et sans arrêt.

I'm working like a dog! (*Un nègre* = a Negro).

Elle parle le français comme une vache espagnole.

Elle parle très mal.

She murders the French language, she speaks very bad French. (*Une vache espagnole* = a Spanish cow). The expression comes from *« Il parle français comme un Basque l'espagnol »*, meaning: he speaks French (as badly) as a Basque speaks Spanish.

Il me fait une réponse de Normand.

Il ne me dit ni oui ni non.

He makes a noncommittal reply, he answers neither yes nor no. A Norman is a French from northwestern France (Normandy).

Un (Parisien) pure souche.

Une personne dont les ancêtres sont établis (à Paris) depuis des générations.

A Parisian born and bred.

Une querelle d'Allemand.

Une dispute dont on a oublié la raison d'être depuis longtemps ou une fausse dispute, faite pour s'amuser.

A quarrel about nothing.

Va te faire voir chez les Grecs!

Va-t'en! va te faire foutre! (Les Grecs de l'Antiquité avaient la réputation d'être pédérastes).

Go to hell! (In antiquity, Greeks had a reputation for being pederasts).

Il est soûl comme un Polonais/comme toute la Pologne.

Les Polonais jouissent d'une réputation de grands buveurs.

He's drunk. (Poles are reputed to be great drinkers).

Ce travail, c'est pas le Pérou.

Il n'est pas bien payé.

The salary is not good.

C'est la tête de Turc de la classe.

C'est le souffre-douleur de la classe.

He's the class' whipping boy.

Il est fort comme un Turc.

Il est très fort

He's (as) strong as an ox (very strong).

Le téléphone arabe.

La rumeur publique.

The grapevine, the bush telepraph.

C'est du chinois/de l'hébreu.

C'est incompréhensible.

It's all Greek to me, it is incomprehensible. (For the French, Chinese and Hebrew are considered very difficult languages).

Arrête tes chinoiseries!

Cesse de faire le difficile!

Stop complicating things unnecessarily!

C'est un casse-tête chinois.

C'est un problème extrêmement difficile à résoudre.

It's a Chinese puzzle, a very complex problem.

C'est un supplice chinois.

C'est une torture raffinée et particulièrement cruelle.

It's a Chinese torture, a sophisticated and particularly cruel torture.

Boire en Suisse.

Boire sans partager/en secret.

To drink secretly, without sharing.

Etre réglé comme une montre suisse.

Fonctionner à la perfection.

To work perfectly well.

Une capote anglaise.

Un préservatif.

A French letter, a condom.

Les Anglais ont débarqué.

Cette fille a ses règles. – C'est une référence à la couleur rouge de l'uniforme des soldats anglais occupant l'ouest de la France actuelle au Moyen Âge.

This girl has her period. (Red is associated with the colour of the uniform of English soldiers who invaded France in the Middle Ages).

7. Le dialogue de la pluie et du vent. – Dialogue of rain and wind

C'est mon jules, mon petit ami, mon soupirant, mon cher et tendre.

C'est mon partenaire.

He's my boyfriend.

C'est ma dulcinée, ma petite amie, ma nana, ma poule, ma puce.

C'est ma partenaire.

She's my girlfriend.

C'est une racoleuse, elle fait le trottoir/le tapin/de la retape.

Elle se prostitue.

She works as a prostitute.

Un dragueur/une dragueuse.

Un adepte du sport national français: la drague.

A person who flirts.

La drague.

Sorte de jeu d'approche qui finit généralement au lit.

Chatting people up.

Un baratineur.

Une personne qui essaye d'abuser, de tromper sa victime en enjolivant son propos.

A smooth talker, a liar.

Faire du baratin à quelqu'un, baratiner quelqu'un, faire du gringue à quelqu'un.
Technique orale d'approche utilisée pour s'accorder les faveurs d'une personne du sexe (généralement) opposé.
To sweet-talk or smooth talk, to chat someone up.

Conter fleurette.
Faire la cour, draguer.
To woo somebody.

Un cavaleur, un satyre.
Un homme qui court après les femmes.
A womaniser.

Il court le guilledou.
Il recherche une aventure, une relation amoureuse.
He goes gallivanting, he's looking for an affair.

Un tombeur, un Casanova, un don Juan, un bourreau des cœurs.
Un homme qui a beaucoup de succès auprès des femmes.
A charmer, a lady-killer.

Une histoire de cul/de fesse, une histoire paillarde/salée.
Une histoire à connotation sexuelle.
A dirty joke.

Un journal de fesse.
Une revue érotique.
An erotic magazine. (*Les fesses* = buttocks).

La presse du cul.
Les revues spécialisées qui traitent du sexe, des rencontres intimes ...
Dirty magazines.

Un film de cul.
Un film érotique ou pornographique.
A porn, blue movie.

Un obsédé (sexuel).
Une personne qui ne pense qu'au sexe.
A (sex) maniac.

Il est très porté sur la chose.
Il ne parle que de sexe, il est obsédé par le sexe.
He's keen on sex, he's obsessed by sex.

Un vicelard, un débauché.
Une personne vicieuse. – Un pédophile p.ex.
A pervert.

Un(e) refoulé(e), un(e) frustré(e).
Une personne qui ne peut assouvir ses envies sexuelles.
A sexually repressed person.

Un sado-maso.
Une personne qui s'adonne aux pratiques sadiques et masochistes de l'amour physique.
A sadomasochist.

Tu les prends au berceau!
Tu choisis des partenaires très jeunes!
You're a cradle snatcher! you have very young girlfriends.

Un homme/une femme volage.
Une personne qui a souvent des aventures.
A fickle person, someone who often changes partners.

Un amateur de fesses, un chaud lapin.
Un homme qui recherche les femmes dans un but uniquement sexuel.
A randy devil, someone whose only interest is to make love.

L'amour lui donne des ailes.
L'amour le rend capable de faire n'importe quoi.
Love lends him wings, he could do anything for love.

Faire de l'œil à quelqu'un.
Attirer le regard par des mimiques. – T'as vu, il te fait de l'œil depuis dix minutes!
To make eyes at somebody, to attract someone's attention with facial expressions.

Elle lui fait les yeux doux.
Elle essaye de le charmer, de le séduire.
She makes (sheep's) eyes at him.

Il la couve des yeux.
Il la regarde amoureusement, passionnément.
He looks fondly at her, he gazes lovingly at her. (*Couver* = to sit on).

Il n'a d'yeux que pour elle.
Il n'y a qu'elle qui l'intéresse, qui lui plaît.
He only has eyes for her.

Elle le dévore des yeux, elle le déshabille des yeux.
Elle a très envie de lui, elle a un regard concupiscent.
She devours/undresses him with her eyes.

Il la lorgne, il la reluque, il la zieute depuis une heure.
Il la regarde. (Zieuter = regarder avec les 'zieux').
He's been eyeing her up, he's been ogling her for an hour.

Il lui a tapé dans l'œil.
Il lui plaît.
She thought he was striking, she's fond of him. Literally, he slapped/hit her in the eye.

Arrête de lui sourire, ça va lui donner des idées!
Il/elle va penser que tu veux coucher avec lui/elle.
Stop smiling at him/her, that'll give them ideas! he/she'll think you want to sleep with them.

Elle se met en quatre, elle fait (tout) son possible pour lui plaire.
Elle fait tout ce qu'elle peut pour s'attirer ses faveurs.
She tries by fair means to please him.

Alors, poupée, on se fait une beauté?
Tu te fais belle, tu t'arranges, tu te maquilles?
Hello, love, doing yourself up? (*Une poupée* = a doll).

J'ai fait une touche!
Je plais à quelqu'un, j'attire quelqu'un.
I scored!

J'ai mis le grappin dessus.
Je ne me sépare plus de lui/d'elle.
I got him/her into my clutches.

Elle a trouvé la perle rare/l'âme sœur, il a trouvé chaussure à son pied.

Il/elle a trouvé le/la partenaire idéal(e).

He found a real treasure, the right person. (*Trouver chaussure à son pied* = to find a shoe for one's foot).

C'est le coup de foudre.

C'est l'amour au premier coup d'œil.

It is love at first sight. Literally, it's the flash of lightning.

J'ai un rencard (à quatre heures).

J'ai un rendez-vous amoureux ou d'affaires.

I have a date/an appointment (at four o'clock).

J'ai un faible/le béguin pour lui, j'en pince pour lui.

Je suis amoureuse de lui, je l'aime.

I have a crush on him, I'm stuck on him, I'm in love with him.

Ils ont des atomes crochus.

Ils sont amoureux, beaucoup de choses les rapprochent.

They hit it off with each other, they have many common points of interest. Literally, they have clawed atoms.

Ils vivent d'amour et d'eau fraîche.

Seul leur amour les fait vivre.

They live on love alone. (*De l'eau fraîche* = cold water).

Elle lui a mis la tête à l'envers.

Elle l'a séduit, elle fait de lui ce qu'elle veut.

She'll make him do anything, she's got him in her hand (thanks to her charm), he's under her spell. Literally, she put his head back to front.

Je suis mordue, je l'ai dans la peau, je suis folle de lui, je l'aime à la folie.

Je ne puis plus me passer de lui.

I've got him/her under my skin, I'm madly in love, I'm smitten by/with him/her.

Ils se bécotent.

Ils s'embrassent.

They're kissing.

Elle lui fait un bécot, un bisou, une bise.
Elle l'embrasse, elle lui donne un baiser.
She gives him a kiss.

Rouler un patin.
Embrasser avec la langue.
To give somebody a French kiss with the tongue.

Ils se font des mamours.
Des caresses amoureuses.
They're affectionate with each other, they caress each other.

Il lui fait des papouilles, il la pelote, elle le tripote.
Des caresses pour exciter.
They grope each other.

Le pelotage.
Activité qui consiste à caresser les zones érogènes de son/sa partenaire.
Groping.

Il/elle a la main baladeuse.
Il/elle aime mettre la main sur certains endroits du corps.
He/she has wandering hands.

Venez voir mes estampes japonaises!
Venez chez moi pour faire l'amour! – Les estampes japonaises sont ici des peintures érotiques.
Come up and see my etchings! (Japanese etchings are here erotic prints).

Elle m'a sauté dessus.
Elle s'est jetée sur moi pour m'embrasser ou pour me frapper.
She greeted me with a kiss (or: she jumped on me to hit me).

Elle s'est pendue à mon cou.
Elle m'a embrassé(e).
She threw her arms around my neck.

Elle est en chaleur.
Elle est excitée sexuellement.
She's on heat, she's aroused. This expression, commonly used for animals has an offensive connotation.

Il est en rut.

Il est excité sexuellement.

He's in rut. Same remark as above.

Il bande, il a la tringle/le bamboo.

Il a une érection.

He has a hard on, he has an erection.

Il se branle, elle se tripote le bouton/la praline.

Il/elle se masturbe.

He/she masturbates.

Vas-y, il/elle est à point!

Il/elle est prêt(e) à te tomber dans les bras, à coucher avec toi... – En parlant d'un suspect dans une affaire criminelle. il/elle est prêt(e) à lâcher le morceau, à parler...

Go for it! He/she can't resist you anymore!

Les hommes/les femmes, je les tombe comme des mouches!

Aucun(e) ne me résiste!

Men/women, they all fall for me! (*Tomber comme des mouches* = to drop like flies).

Elle fait des ravages.

Aucun homme ne lui résiste.

No man can resist her, she knocks them dead.

Il est porté sur la bagatelle.

Il aime faire l'amour.

He likes physical love.

Elle a l'esprit mal tourné, elle ne pense qu'à ça.

Elle ne pense qu'au sexe.

She's got a one-track mind, she has a dirty mind.

Baiser (quelqu'un).

Faire l'amour. – Ça fait trois mois qu'il court après et il ne l'a pas encore baisée! Ils sont crevés parce qu'ils ont baisé toute la nuit.

To make love, to fuck, to shag.

Attention aux expressions suivantes.
Note the following expressions.

Zut! je me suis fait baiser! = on m'a trompé(e).
I've been deceived, I've been mislaid.

J'y baise rien! = je ne comprends rien.
I can't understand.

Il m'a donné un baiser (donner un baiser à quelqu'un = l'embrasser).
He kissed me, he gave me a kiss.

Elle s'est fait baiser/culbuter/sauter/tomber (par quelqu'un).
Elle a fait l'amour avec lui.
She got laid, she made love.

Je me suis envoyé/farci/payé/tapé (quelqu'un).
J'ai fait l'amour avec lui/elle.
I had it off with a guy/a girl, I made love.

Tremper son biscuit, s'envoyer en l'air.
Faire l'amour, coucher avec quelqu'un.
To make love, to sleep with someone.

Tirer un coup.
Avoir un orgasme, chez l'homme.
To have a screw, to make tove.

La petite mort.
L'orgasme, chez la femme.
The (female) orgasm.

Faire l'amour à la papa.
Calmement, tranquillement, conventionnellement.
To make love conventionally, cushily.

Passer une nuit blanche.
Passer la nuit à faire l'amour. – Cette expression signifie aussi ne pas pouvoir dormir (à cause du bruit, d'une migraine ou d'une activité quelconque qui se prolonge toute la nuit).
To spend a sleepless night (making love). This expression also means to have spent the night awake because of work, illness or noise.

Faire des confidences sur l'oreiller.
Divulguer des secrets pendant l'acte d'amour.
To have pillow talk.

Elle est passée à la casserole, elle s'est fait dépuceler.
Elle a perdu sa virginité.
She lost her virginity. (*La casserole* = the pan).

Avoir le démon de midi.
Être pris d'envie sexuelle et/ou affective au milieu de la vie.
To have a mid-life crisis.

J'ai pris mon pied (avec lui).
J'ai bien joui, je suis heureuse d'avoir couché avec lui, il m'a satisfaite.
I had it away, I enjoyed making love (with him).

Faire un pompier/une pipe.
Pratiquer la fellation.
To give somebody a blow job.

Le soixante-neuf.
Le cunnilinctus et la fellation.
Cunnilingus and fellatio.

Enculer, emmancher, enfoirer.
Pratiquer la pénétration anale. Enfoiré(e)! = espèce d'idiot(e)!
To sodomize, to bugger. (*Enfoiré(e)*! = arsehole!).

Le baisodrome.
La chambre à coucher.
The bedroom.

Se foutre à poil.
Se déshabiller.
To strip.

Le cinq à sept.
La rencontre adultère de l'après boulot et de l'avant dodo.
An afternoon meeting between lovers.

Une partouze, une partie de jambes en l'air.
Une réunion ou l'on se livre librement à l'amour.
A sexual orgy, a roll in the hay.

Une partie carrée.

Les ébats amoureux de deux couples.

The lovemaking between two couples.

Se rincer l'œil.

Regarder une scène érotique sans y participer. – Je me suis rincé l'œil!

To get an eyeful (of a lovemaking scene).

Les ballets roses.

Une réunion de petites filles qui sous prétexte d'exhibitions chorégraphiques, se prêtent aux désirs érotiques des adultes.

The paedophile ring (involving young girls).

Les ballets bleus.

Idem, pour les petits garçons.

The paedophile ring (involving young boys).

Elle s'est fait encloquer, on l'a mise en cloque.

Elle est enceinte.

She's up the spout, she's pregnant.

Il m'a plaquée, il m'a laissé tomber!

Il m'a abandonnée!

He ditched me, he got rid of me!

8. Le verbe "foutre". – To fuck

Ce verbe qui signifie originellement "avoir des relations sexuelles avec une femme" est le plus souvent utilisé à la place de "faire" mais peut remplacer à peu près n'importe quel verbe.

Meaning originally "to have sexual relations with a woman", this verb stands most of the time for "to do" although it can be used to replace about any other verb.

Exemples.

For example.

Qu'est-ce que ça peut te foutre?

Ça ne t'intéresse pas, ça ne te concerne pas! – je crois que cela n'a aucune importance pour toi!

This is none of your business! What the hell does it matter to you? What the hell has it got to do with you?

Je suis foutu(e).

Je suis fini(e), je n'ai plus d'espoir.

I'm through, finished, there's no hope.

Je n'ai rien foutu ce matin.

Je n'ai rien fait, je n'ai pas travaillé.

I didn't work, I didn't do a thing this morning.

J'ai envie de te foutre une baffe.

J'ai envie de te donner une gifle.

I want to hit you, to clout you.

Fous-moi la paix!

Laisse-moi tranquille!

Leave me alone!

Ça m'a foutu la trouille.

Ça m'a fait peur.

It scared me.

(Cette lampe,) fous-la ici!

Mets-la ici!

(This lamp,) put it here!

Foutez le camp!

Partez d'ici!

Get lost, fuck off, go away!

J'ai foutu le journal au bac.

J'ai jeté le journal au panier.

I threw the paper away (in the wastepaper basket).

Tu as foutu la télé en l'air!

Tu as détruit la télévision.

You destroyed the telly/the TV!

J'ai été foutue à la porte!
J'ai perdu mon emploi, on m'a mise dehors.
I got laid off, I lost my job!

Tu te fous de moi!
Tu te moques de moi?
You're kidding me!

Je m'en fous complètement!
Je ne m'en soucie pas du tout.
I don't give a damn/a shit, I couldn't care less!

Il s'est foutu dedans.
Il s'est trompé.
He screw up, he's mistaken.

Elle s'est foutue par terre.
Elle est tombée.
She fell on the floor.

Ça la fout mal!
Elle est dans une mauvaise situation.
She'is in a bad position, she has no luck!

Va te faire foutre!
Laisse-moi tranquille, va-t'en!
Fuck you!

Il est mal foutu, ton chapeau!
Il est mal fait, mal fabriqué.
Your hat is badly made!

Elle est bien foutue!
Elle est jolie.
She has a good body, she's pretty!

Tu n'es pas foutu de finir à temps!
Tu n'en es pas capable!
You can't even bloody/fucking finish on time!

Quel foutu caractère!
Quel mauvais caractère, quel caractère difficile!
He/she's got a bloody, a damn awful temper!

Qu'est-ce que c'est que ce foutoir?
Quel désordre ici!
Everything is in a mess, in a shambles here!

Ce sont des foutaises!
Ce n'est pas vrai, ce sont des histoires invraisemblables.
Crap! I don't believe this nonsense!

Le je-m'en-foutisme.
L'attitude qui consiste à montrer de l'indifférence par rapport à ce qui devrait susciter l'intérêt.
The couldn't-care-less attitude.

9. Le travail, c'est la santé! Those who work remain healthy

Le boulot, le turbin.
Le travail.
The job, the work, the daily grind.

Bosser, boulotter, trimer, turbiner.
Travailler.
To work, to slave away, to slog away.

Gagner sa croûte/son pain.
Gagner sa vie.
To earn one's (daily) bread.

Il gagne son pain à la sueur de son front.
Il gagne sa vie en travaillant énormément.
He earns his living by the sweat of his brow, by working a lot.

Elle gagne son pain à la sueur du nombril.
Elle gagne sa vie en se prostituant.
She earns a living by working as a prostitute. Literally, she earns her bread by the sweat of her navel.

Aller au charbon.
Travailler pour gagner sa vie.
To get to work. Literally, to go to the coal(mine).

J' fais des p'tits boulots, des bricoles.
Je gagne de l'argent en effectuant des travaux irréguliers, des jobs.
I do casual jobs.

Quelle corvée!
Quel travail fatigant, quelle tâche pénible!
What a chore!

Reprendre du poil de la bête.
Retrouver de l'énergie pour accomplir quelque chose.
To perk up, to recover one's energy and will.

Il faut mettre les bouchées doubles.
Il faut travailler plus vite, plus fort.
You must work twice as hard, double your efforts, work faster and better. (*Une bouchée* = a mouthful).

Je me creuse la cervelle.
Je fais beaucoup d'efforts pour trouver une solution.
I rack my brains (to solve a problem).

J'ai fait tout ça pour des clous!
J'ai fait tout ça pour rien, en pure perte.
I did all that for nothing! (*Des clous* = nails).

C'est n'importe quoi!
C'est très mal fait!
It's rubbish, what a lousy job!

Tu n'y couperas pas!
Tu devras le faire, tu ne pourras pas y échapper!
You'll have to do it anyway, you won't be able to avoid it!

J'ai du pain sur la planche.
J'ai beaucoup de travail, je suis très occupé(e).
I have my work cut out, I've got a lot of work to do.
Literally, I have bread on the (bread)board.

Il va falloir y mettre un coup, il va falloir retrousser ses manches.
Il va falloir travailler dur, faire un effort.
We'll have to work hard, to roll up our sleeves.

Elle a dû mettre la main à la pâte.

Elle a dû aider quelqu'un, elle a dû participer elle-même à un travail (souvent un travail physique).

She had to pitch in, to work.

Il/elle sue sang et eau.

Il/elle fait de très gros efforts.

He/she sweats blood and tears.

J'ai appris (le métier) sur le tas.

En (le) pratiquant, par expérience, sans faire d'études.

I learned, I was trained on the job.

Il vend bien sa marchandise.

Il est habile (dans les affaires), il est persuasif.

He's good at selling things.

J'ai la flemme.

Je ne veux pas travailler. (La flemme = la paresse).

I can't be bothered, I don't want to work. (*La flemme* = laziness).

C'est un travail peinard.

C'est un travail facile et pas fatigant.

It's a cushy number, an easy job. (*Peinard* = painless).

Tu n'en fiches pas un clou!

Tu ne fais rien du tout! (Ficher = planter, enfoncer).

You don't do a thing! (*Ficher* = to drive (a nail) into something).

Elle ne se foule pas (le poignet)!

Elle ne se fatigue pas, elle ne fait pas d'effort. (Se fouler = se tordre).

She doesn't kill herself (working). (*Se fouler* = to sprain (the ankle)).

Il est né fatigué!

Il n'aime pas faire d'effort.

He was born tired!

Elle se la coule douce.
Elle passe le temps à se reposer.
She takes it easy.

Il se tourne les pouces, il ne fait rien de ses dix doigts, il n'en fout pas une!
Il ne travaille pas.
He twiddles his thumbs, he doesn't do a thing.

Elles se croisent les bras.
Elles refusent de travailler.
They refuse to work. Literally, they cross their arms.

Ils ruent dans les brancards.
Ils protestent et refusent de continuer à travailler.
They rebel, they protest and refuse to work.

10. Les dessous des sous. – Money matter

Le blé, le fric, le flouze, la galette, le jonc, l'oseille, le pèze, le pognon, les ronds, les sous.
L'argent.
Money.

Cent balles.
Cent francs.
One hundred (francs).

Une brique.
Un million de francs.
One million (francs).

J'ai pas un radis/un rond/un kopeck! je suis fauché(e) (comme les blés), je suis à sec.
Je n'ai pas d'argent. (Je suis, prononcer: "chui").
I'm broke, I'm flat broke.

Il est sur la paille.
Il est ruiné.
He's ruined, he's penniless. Literally, he's on the straw.

Mettre quelque chose au clou.
Le mettre en gage.
To take something to the pawnshop. (*Un clou* = a nail).

Je suis plein aux as.
J'ai beaucoup d'argent.
I'm loaded, I've got plenty of money. (*Un as* = an ace (card)).

Casquer.
Payer. – J'ai eu un accident de voiture mais c'est la compagnie d'assurances qui va casquer.
To foot the bill, to pay.

(J'ai mangé) aux frais de la princesse.
Sans devoir payer.
(I ate) at someone/the company's expense, for free.

On fait moitié-moitié.
On partage les frais, on paye chacun la moitié.
We go fifty-fifty, we go halves.

Claquer son argent, jeter son argent par la fenêtre.
Le dépenser sans compter, très rapidement.
To blow one's money, to throw money away. (*Par la fenêtre* = out of the window).

J'ai mis le paquet.
J'ai donné une très grosse somme d'argent pour obtenir quelque chose, j'ai fait un très gros effort pour réussir quelque chose.
I pulled out all the stops, I put a lot of money to get something, I made an extra effort to succeed.

Je me suis fait avoir, on m'a roulé, on m'a roulé dans la farine, on m'a eu, j'ai été couillonné.
On m'a trompé, on m'a vendu quelque chose beaucoup trop cher, on m'a volé.
I was cheated, diddled, conned.

Il s'est fait plumer (comme un pigeon), il s'est fait pigeonner.
On lui a pris tout son argent.
He's got ripped off, he was fleeced, swindled.

Il en est pour ses frais!

Il a perdu son temps et son argent pour rien.

He has to pay, he got nothing for his pains!

Payer en monnaie de singe.

Payer avec de la fausse monnaie, avec une monnaie qui n'a pas cours.

To let somebody whistle for their money, to use forged/counterfeit currency to pay.

C'est du toc.

C'est une imitation de mauvaise qualité. Un faux diamant, une copie de meuble ancien p.ex.

It's fake.

C'est de la camelote/de la crasse.

C'est un objet de très mauvaise qualité.

It's junk, rubbish.

Ça ne vaut pas un sou!

Ça ne vaut rien, ça n'a pas de valeur.

It's not worth a penny, it's worthless!

Le bénef.

Le bénéfice.

The profit.

C'est chéro(t), c'est pas donné!

Cest cher.

It's pricey!

Prendre pour argent comptant

Accepter sans esprit critique, en étant crédule. – Il ne faut pas le prendre pour argent comptant = méfiez-vous!

To take something at face value, to accept something without thinking, without critical judgment.

J'en ai pour mon argent.

Ça vaut la peine.

I got my money's worth.

C'est de l'or en barre.
Ça vaut beaucoup d'argent.
It's a golden opportunity.

Elle roule sur l'or.
Elle est très riche.
She's rolling in money, she's very wealthy.

(Je l'ai acheté) à prix d'or.
En payant très cher.
I paid a small fortune for it.

Il me fait un pont d'or.
Il me propose beaucoup d'argent, il me fait une offre alléchante (pour que j'accepte de travailler pour lui p.ex.).
He offers me a large sum of money to accept a job. (*Un pont d'or* = a bridge of gold).

Faire son beurre, se remplir les poches, s'en mettre plein les poches.
S'enrichir. Ce profiteur a fait son beurre pendant la guerre.
To make a packet, to line one's pockets, to become very wealthy.

Son fils l'a saigné à blanc.
Il lui a pris tout ce qu'il possède.
His son bled him dry, he took all his money.

(Ses parents lui ont) coupé les vivres.
Ils ne lui donnent plus d'argent.
(His parents) cut off his allowance, they don't give him money anymore.

Je suis ratiboisé(e) jusqu'au trognon!
Je suis complètement ruiné(e).
I'm cleaned out! I am well and truly had! (*Le trognon* = the core).

Je l'ai acheté pour une bouchée de pain.
Je l'ai acheté pour presque rien.
I bought it for next to nothing. (*Une bouchée de pain* = a mouthful of bread).

(Ces articles sont) à la portée de toutes les bourses.

Ils ne sont pas chers, tout le monde peut les acheter.

(These goods/items) are within everybody's means, everyone can afford them.

Ça ne coûte pas un rond, c'est gratos.

C'est gratuit.

It doesn't cost anything.

J'ai du mal à joindre les deux bouts.

Je ne gagne pas assez d'argent pour finir le mois.

I can't make ends meet, I don't have enough money to end the month.

Je suis dans la dèche, je tire le diable par la queue.

Je n'ai plus d'argent, je suis dans la misère. (La dèche = la déchéance).

I live from hand to mouth, I'm broke. (*La dèche* = dire poverty). Literally, I pull the devil by the tail.

Maintenant, je suis à flot.

J'ai de nouveau de l'argent.

I'm back on my feet, now, I have enough money again. (*À flot* = seaworthy).

Ça mettra du beurre dans les épinards.

Ça renforcera une bonne situation.

That'll put jam on the bread, it'll make life that little bit easier. Literally, that will put butter in the spinach.

Je ne vais pas payer ça de mes deniers/de mes propres sous!

Je ne vais pas le payer moi-même. (Le denier est une ancienne monnaie).

I'm not going to pay for that with my own money! (The *denier* is an ancient currency).

Qui va payer les pots cassés?

Qui va être responsable et payer les dommages?

Who will pick up the pieces, who will pay for the damages? (*Les pots cassés* = broken pots).

Tu n'as pas lésiné sur les moyens!
Tu n'as pas regardé à la dépense, tu as dépensé une fortune (pour obtenir/faire quelque chose).
You spent a lot of money (to get/do something).

Elle lui a rendu la monnaie de sa pièce.
Elle s'est vengée en lui faisant la même chose.
She gave him/her a dose of their own medicine, she paid him/her back in their own coin, she did the same thing to them (to get her revenge).

(Il faut) à tout prix/coûte que coûte (que je lui parle!)
Il le faut quelque soit le risque.
(I must speak to him/her) at all costs!

On lui a graissé la patte, il a reçu un pot de vin.
On lui a donné de l'argent pour obtenir une faveur.
They greased his palm, he received a kickback, a bribe.

(Dans ce quartier, les pannes d'électricité) sont monnaie courante.
Elles sont normales, habituelles.
(In this area, power failures) are commonplace, very frequent.

11. **Résidences**. Places of residence

Un trou perdu, un coin perdu.
Un endroit retiré, loin de tout, où personne ne va.
A dump, a god-forsaken place.

Je connais le coin comme ma poche.
Je connais très bien l'endroit, la région.
I know the place like the back of my hand, very well.

Il habite au fin fond (de la forêt), dans la pampa, chez les Papous, au diable vauvert, dans la brousse, à perpète.
Il habite très loin. (À perpète = à perpétuité, il faut beaucoup de temps pour aller chez lui).
He lives far away, miles from anywhere.

Il est rentré dans le décor.
Il a eu un accident (d'auto/de moto...).
He had a crash, he got an accident.

J'habite la cambrousse.
J'habite à la campagne.
I live in the sticks, in the countryside.

J'habite dans un bled/un patelin.
Dans un village de peu d'importance.
I live in a small village.

Mettre au bloc.
Mettre en prison.
To put someone in the nick, in prison, in jail.

Une maison close, une maison de passe, un bordel, un boxon, un lupanar, un claque.
Un lieu de prostitution.
A brothel, a whorehouse.

Je bosse dans une grosse boîte.
Je travaille dans une grande compagnie.
I work in a big firm, for a big company.

Une cage à lapin.
Un logement exigu et de mauvais standing.
A rabbit hutch, small and poor quality accommodation.

J'ai mes (petites) entrées.
Je suis reçu(e) chez des gens importants, j'entre gratuitement dans un théâtre, un casino...
I'm an intimate, I have free access to such and such place.

C'est un vrai moulin à vent (chez toi)!
Tout le monde peut entrer!
Everybody's welcome (to your place)! (*Un moulin à vent* = a windmill).

Elle est entrée comme dans une écurie/un moulin.
Elle est entrée quelque part sans dire bonjour et sans accorder d'attention aux autres.
She came in without saying hello. (*Une écurie* = a stable).

J'ai dormi à la belle étoile.
J'ai dormi dehors.
I slept out in the open. (*Une étoile* = a star).

J'étais aux premières loges.
J'ai tout vu, j'étais bien placé(e) pour tout voir.
I was in an ideal position. (*Une loge* = a theatre box).

Il est muet comme une tombe.
Il est très silencieux, il sait garder un secret.
He's as silent as the grave, he can keep a secret.

Son logement est grand comme un mouchoir de poche.
Il est minuscule.
He lives in a very small flat. (*Un mouchoir* = a handkerchief).

C'est un moulin à paroles!
Il/elle est très bavard(e).
He/she's a chatterbox! he/she's very talkative.

Ça fait cinq ans que j'ai coupé les ponts avec lui/elle.
Ça fait cinq ans que je n'ai plus aucune relation avec lui/elle.
I have broken all contacts, I have broken with him/her five years ago.

Faire le pont.
Ne pas travailler un jour de la semaine situé entre le week-end et un jour de congé (le lundi ou le vendredi).
To make a long weekend.

(Ne t'en fais pas, je ne vais pas le) crier sur (tous) les toits!
Je ne vais pas le raconter partout.
Don't be afraid, I'm not going to shout it from the rooftops! I won't tell.

Un taudis, une baraque, un bercail, une bicoque, une masure.
Une maison. – Je rentre au bercail = chez moi!
A hovel, a dump. (*Au bercail* = at home).

Où tu crèches?
Où habites-tu?
Where do you live?

C'est ma piaule.
C'est ma chambre.
This is my pad, my room.

C'est mon petit chez moi.
C'est ici que je vis.
This is where I live.

C'est la porte à côté.
C'est tout près. – J'habite la porte à côté.
It's very close.

Il enfonce des portes ouvertes.
Il prétend découvrir quelque chose que l'on connaît déjà.
He states the obvious.

Renvoyer l'ascenseur.
Répondre à un acte par un acte équivalent.
To return the favour. (*L'ascenseur* = the lift).

Les chiottes, les waters, les cabinets, les vécés, le pot, le petit coin, les lieux d'aisance, chez Jules, là où le roi va à pied.
Les toilettes.
Toilets, the loo, the bog.

Il faut sauver les meubles.
Il faut préserver l'essentiel lors d'un désastre, essayer de récupérer son crédit (la confiance des autres) après avoir commis une faute.
To salvage something from a desperate situation.
Literally, we must salvage the furniture.

Boucler la boucle.
Revenir à son point de départ, terminer quelque chose. La boucle est bouclée = c'est fini.
To come full circle, to end.

IV – Les tribulations de l'âme
The travels of the soul

1. Un peu de psychologie. – A bit of psychology

Un rouspéteur, une rouspéteuse Un râleur, une râleuse.
Une personne qui se plaint souvent. – une personne qui n'admet pas qu'elle a parfois tort. – Les Français s'attribuent généralement ces traits de caractère quasi national.
A grumbler, a moaner. These psychological features form an integral part of the French character according to the French themselves.

Un chamailleur, une chamailleuse.
Une personne qui cherche la dispute.
A quarrelsome person, someone who squabbles a lot.

Il ne faut pas se laisser abattre!
Il ne faut pas désespérer.
We're not going to let things get us down, let's keep our spirits up!

Il faut prendre la vie par le bon bout.
Il faut profiter des bons côtés de la vie.
We must remain optimistic, we must walk on the sunny side of the street.

Il faut accorder ses violons.
Il faut parvenir à un accord, à un compromis.
We must reach an agreement.

Il faut mettre de l'eau dans son vin.
Il faut être moins exigeant, modérer ses ambitions pour parvenir à une solution où chacun trouve son intérêt.
We must mellow, we must reach a compromise.

Il faut crever l'abcès.
Il faut se faire du mal tout de suite pour éviter un mal plus grave qui pourrait se produire plus tard.
We must resolve a crisis. (*Un abcès* = an abscess).

Il est fier comme Artaban.

Il est très fier de lui.

He's proud as a peacock.

Je ne suis pas dans mon assiette, je suis mal dans ma peau.

Je ne me sens pas bien, je ne suis pas en forme.

I'm out of sorts, I don't feel good about myself.

J'ai le moral à zéro.

J'ai le moral au plus bas, je suis dépressif.

I feel very down, I'm depressed.

Il ne bande que d'une.

Il n'est ni très convaincu ni très décidé.

He's neither much convinced nor much determined. (*Bander* = to have a hard-on).

Je suis gonflé(e) à bloc.

Je suis dans une excellente forme (physique et mentale). (À bloc = au maximum).

I'm raring to go, I'm in top form. (*À bloc* = to the maximum).

Je ne suis pas de bois.

Je ne suis pas insensible.

I'm only human. (*De bois* = made of wood).

Elle est (un peu conne) sur les bords.

Elle est plutôt (conne).

She's rather (simple-minded). (*Les bords* = the edges).

Il est à bout.

Il est épuisé, au bord de la crise de nerf.

He can't take it anymore, he can do no more.

(Je pince les fesses à tout le monde,) c'est plus fort que moi.

Je ne peux pas m'en empêcher.

(I pinch everyboy's buttocks,) I just can't help it.

Il ne faut pas (lui) jeter la pierre.

(Il/elle) n'est pas responsable.

We must not accuse (him/her), he/she's not responsible. (*Jeter la pierre* = to throw the stone).

(Il est si susceptible,) je ne sais pas par quel bout le prendre.

Je ne sais pas comment l'aborder, comment lui parler.

(He's so touchy,) I don't know how to deal with him.

Serrer la vis.

Être sévère avec quelqu'un.

To tighten the screws (on somebody), to be harsh (with someone).

Il ne fait pas de cadeaux.

Il n'est pas coulant, il est impitoyable. – La vie ne fait pas de cadeaux.

He's very strict, he's merciless.

Tu es toujours dans la lune/les nuages.

Tu rêves, tu ne fais pas attention à ce que je dis.

You always have your head in the clouds, you don't pay attention.

Tu as l'air de tomber du ciel/de la lune.

Tu es ahuri(e), tu es très étonné(e).

You look blank, very surprised.

Tu te fais du cinéma.

Tu imagines des choses, tu fantasmes.

You start imagining things.

Il faut prendre les choses du bon côté.

Il faut accepter ce qui nous arrive.

We must look on the bright side of things.

Il a du cran (le petit).

Il est courageux (ce jeune).

(This young person) has guts.

Il est gonflé, le mec! il a du toupet, il a du culot.

Il ne se gène pas pour faire ou dire ce qu'il veut.

This guy's got a (lot of) nerve!

C'est un dur à cuire.

Il est coriace, il ne se laisse pas faire.

He's a tough nut, he's hard-headed.

Toi, tu as une idée derrière la tête.

Tu penses à quelque chose que tu ne veux pas dire.

You have something in mind. (*Derrière la tête* = behind the head).

Ne te mets pas martel en tête

Ne te fais pas de souci. (Un martel = un marteau).

Don't get worried. (*Un martel* = a hammer).

Le syndrome de la dernière marche.

C'est la tendance qu'ont certaines personnes à abandonner ce qu'elles font juste avant d'arriver au but.

The last step syndrome. (The propensity of certain persons to give up just before reaching their goal).

Il ne se prend pas pour une merde.

Il se croit important, il est orgueilleux.

He thinks he's important, he's overproud. (*Une merde* = a (piece of) shit).

C'est un esprit fort.

C'est une personne intelligente, qui ne se laisse pas tromper. – Employée ironiquement, cette expression désigne quelqu'un qui croit avoir toujours raison.

He has an independent mind, he cannot be deceived. Used ironically, this expression means someone who thinks they're always right.

Elle est dans tous ses états.

Elle est affolée.

She's in a state, she's panic-stricken.

J'en suis tout(e) retourné(e).

Je suis bouleversé(e), horrifié(e).

I'm quite shaken.

Je reste/je suis resté(e) sur ma faim.

Je ne suis pas satisfait(e), je suis frustré(e).

I'm disappointed, I expected something better/more. (*La faim* = hunger).

Ce n'est pas son genre.

Ce n'est pas dans ses habitudes.

It's not his/her style, it's not the sort of thing he/she does, it's just not like him/her.

Briser la glace.

Faire cesser le silence et la gène entre plusieurs personnes - en prenant la parole, en se présentant, en faisant un compliment...

To brake the ice, to interrupt silence and embarrassment between two or more persons who are not yet familiar with each other.

Il m'a pris(e) en grippe.

Il ne supporte plus ma présence.

He took a sudden dislike to me, he doesn't stand me anymore.

Il ne faut pas verser d'huile sur le feu.

Il ne faut pas aggraver une situation déjà mauvaise.

We must not add fuel to the fire.

Il s'enferme dans sa tour d'ivoire.

Il s'isole, il est renfermé.

He shuts himself away in an ivory tower, he isolates himself from the outside world, from his friends.

Ne te fais pas de mousse!

Ne t'en fais pas!

Don't get into a tizzy, don't let it bother you!

J'ai les nerfs en pelote, je suis sur les nerfs, j'ai les nerfs à fleur de peau.

Je suis très irritable.

I'm really wound up, I have frayed nerves, I am irritable.

Je tombe des nues.

Je suis très surpris(e).

I'm flabbergasted, extremely surprised.

Quand il m'a dit ça, j'en suis resté(e) baba.

J'en ai été très étonné(e).

I was flabbergasted when he told me that.

Je me suis fait(e) tout(e) petit(e).

J'ai essayé de ne pas me faire remarquer (par humilité, par timidité ou par honte).

I tried to make myself inconspicuous (by humility or because I am shy or ashamed).

Celui-là, il ne faut pas le prendre avec des pincettes!

Il est très sale, très susceptible.

He's like a bear with a sore head, he's very touchy. This expression also means he's very dirty. (*Des pincettes* = tweezers).

Il ne faut pas la prendre à rebrousse-poil.

Il faut éviter de la choquer, de lui déplaire.

She must not be rubbed up the wrong way, we must avoid to shock, to displease her.

Il est de bon/mauvais poil.

Il est de bonne/de mauvaise humeur.

He's in a good/bad mood. (*Le poil* = hair).

Je suis sur mes gardes, je protège mes arrières.

Je fais attention, je suis vigilant.

I'm on my guard, I watch my rear, I'm careful.

Ça l'a remis(e) sur les rails.

Ça l'a aidé(e) à repartir: à se sentir mieux, à retrouver son équilibre, à refaire des études, à reprendre le travail...

It put him/her back on track, it helped them recover, lead a normal life again.

Il/elle se fait un sang d'encre.

Il/elle s'en fait beaucoup trop.

He/she's worried stiff.

Tu vois tout en noir.

Tu es pessimiste.

You look on the black side (of things), you're pessimistic.

Celle-là, je ne peux pas la blairer/la piffer/la sentir!

Je ne peux pas la supporter. (Le blaire, le pif = le nez).

I can't stand her! (*Le blaire, le pif* = the nose).

Celui-là, je ne peux pas le voir/le voir en peinture/l'encaisser.

Je ne peux pas le supporter.

I can't stand the sight of him!

Il/elle est terre à terre.

Il/elle est matérialiste, réaliste.

He's pedestrian, materialistic, realistic, unimaginative.

Je tire un voile/je ferme les yeux sur tes erreurs.

Je ne parlerai plus de tes erreurs, je veux bien les oublier et te les pardonner.

I turn a blind eye to your mistakes, I draw a veil over them.

2. Tout va bien. – Everything is fine

Cocorico!

Youpi! hourrah! on est les meilleurs! on a gagné! – Cette expression toute gauloise (en latin, "gallus" signifie à la fois le Gaulois et le coq) indique, comme le comportement de l'animal dont le cri en est l'origine, la joie et la fierté que l'on éprouve lors d'une victoire sportive, d'une invention "bien de chez nous" (c'est-à-dire bien française) ou lors d'une action d'éclat de quelque nature qu'elle soit.

This expression is used when the French are exultant, when they crow over something they have done, especially when sports is concerned or when they are proud of a new French invention. It expresses national pride.

Je suis aux anges, je suis aux nues, ça baigne dans l'huile, ça plane pour moi, je bois du petit lait.

Je suis extrêmement satisfait(e). (Les nues = les nuages).

I'm in seventh heaven, I'm walking on air, things are going fine. (*Les nues* = the clouds).

Je suis d'attaque, je me sens d'attaque.

Je suis en forme, prêt à faire quelque chose de difficile, à faire un grand repas.

I feel on/in top form, I feel ready to do something difficult, to have a good meal.

Je suis gonflé(e) à mac.

Je suis dans une excellente forme (physique et mentale), je suis tout à fait prêt(e), je suis très bien préparé(e). (*À mac = au maximum*).

I'm in excellent shape, I'm quite ready. (*À mac* = to the maximum).

Je pète le feu.

Je suis plein d'énergie, je suis en pleine forme.

I'm full of beans, I'm a live wire, I'm full of energy.

Ce comédien crève l'écran.

Il est remarquable, il a beaucoup de présence, on ne voit que lui.

This actor has a great screen presence. Literally, this actor pierces the screen.

J'ai eu un succès bœuf!

J'ai eu beaucoup de succès.

I had a fantastic success!

J'ai fait un effet bœuf!

J'ai beaucoup impressionné.

I made a fantastic impression!

Ça a marché du tonnerre!

Ça a très bien marché.

I went fantastically well!

J'ai cassé la baraque.

J'ai eu un succès triomphal.

I brought the house down, it was a resounding success!

En beauté.

Très bien, parfaitement, à la première place. – Cette expression s'utilise aussi ironiquement. Il s'est cassé la gueule en beauté p.ex.

On a high note, with a flourish. This expression can also be used with irony, for instance: I fell over '*en beauté*'.

Je touche du bois.

J'espère que tout ira bien.

(I) touch wood, I hope everything will be all right.

Faire la bombe.
S'amuser, faire la fête.
To live it up, to have a ball.

Je crois que je tiens le bon bout.
Je crois que je vais réussir.
I think I'm on the right track, I think I'm going to succeed.

J'ai fait d'une pierre deux coups.
J'ai obtenu deux choses avec un seul moyen.
I killed two birds with one stone.

J'ai sauté sur l'occasion.
J'ai profité de la chance (pour demander quelque chose à quelqu'un ...).
I jumped at the chance.

Je me porte comme un charme.
Je vais très bien.
I'm as fit as a fiddle, in great shape. (*Un charme* = a (good) spell).

Il se la coule douce.
Il vit sans efforts.
He takes it easy, he leads a happy life.

Pourvu que ça dure...!
J'espère que la chance va continuer. (prononcer: "Pourvou qué ça doure). Cette phrase immortelle est généralement attribuée à la mère de Napoléon - qui était corse.
'Let's hope it lasts!' This sentence is generally attributed to the mother of Napoleon I.

J'ai remonté la pente.
J'ai retrouvé ma situation, j'ai vaincu mes mauvaises tendances (jeu, alcool...), j'ai renoncé à faire le mal.
I got back on my feet (I stopped drinking, I got a new job...). Literally, I went back up the slope.

J'ai la situation (bien) en main.
Je contrôle la situation, il n'y aura pas de surprises.
I have the situation (well) in hand, I control it.

Je l'ai échappé belle!
J'ai échappé de peu à un grand danger.
I had a narrow escape!

Eh bien! Je reviens de loin!
J'ai échappé à un grand danger.
I had a close shave, I escaped a great danger!

Je te dois une fière chandelle!
Je te suis très reconnaissant(e).
I'm hugely indebted to you!

Ça m'épate.
Je trouve ça très bien, je suis admiratif.
I'm amazed. This expression is mostly positive.

Elle est née sous une bonne étoile.
Elle a toujours de la chance.
She's born under a lucky star.

Les fées se sont penchées sur son berceau.
Il/elle a toujours eu beaucoup de chance.
The good fairies leaned over his/her cradle, he/she's always successful.

J'ai du bol/du pot/la baraka/de la veine.
J'ai de la chance.
I'm lucky, I'm in luck.

Quel bol/pot!
Quelle chance
What (a piece of) luck!

Quel veinard(e)!
Il/elle a de la veine/de la chance.
What a lucky devil!

Il a une chance de cocu/de pendu.
Il a de la chance alors qu'il s'attendait au contraire.
He has the luck of the devil.

Il rit aux larmes.
Il rit si fort qu'il en pleure.
He laughs till he cries.

Il se fend la gueule.
Il rit la bouche grande ouverte, il s'amuse énormément.
He splits his sides, he has a lot of fun. (*La gueule* = the mouth).

J'ai gagné le gros lot, j'ai décroché la timbale.
J'ai une chance extraordinaire, j'ai réussi à obtenir plus que j'espérais.
I hit the jackpot, I'm extremely lucky.

J'ai décroché le pompon.
J'ai obtenu la première place (à un concours p.ex.).
I won first prize, I came top.

Je m'en frotte les mains.
Je m'en réjouis, je suis très satisfait.
I'm very satisfied with something. Literally, I rub my hands.

Il est gai comme un pinson.
Il est très content et cela se voit.
He's as happy as a lark.

Je suis arrivé(e) à bon port.
Je suis parvenu(e) à destination.
I arrived safe and sound.

C'est à mourir de rire, c'est à se tordre de rire!
C'est extrêmement amusant.
I double up laughing, it's hilarious!

Je m'en tape le cul par terre!
Je trouve ça très drôle.
I think it's hilarious, it's a riot! Literally, I hit the ground with my arse!

Il est heureux comme un roi/un coq en pâte.
Il est très heureux.
I'm (like a pig) in clover, I'm very happy.

Tu as le beau rôle.
Tu es favorisé(e) par rapport aux autres et on t'admire donc davantage.
You have the easy job.

Ça marche comme sur des roulettes.
Ça va très bien.
Everything goes smoothly, everything's like a dream.

Tu tombes bien!
Tu arrives juste au bon moment!
You're lucky, you've timed that well!

Et voilà, le tour est joué!
C'est fait, c'est fini, c'est réussi.
That's done the trick! It's done, over and a success!

Extra! Impec! sensass! super! le pied! cool!
Ces expressions et troncations expriment l'extrême satisfaction. (Impec = impeccable).
Great, perfect, fantastic, super!

3. Tout va mal. – Everything goes wrong

Quelle tuile!
Quel problème!
What a blow, what a problem!

Il m'arrive une tuile!
J'ai un gros ennui!
I've got a big problem!

Je n'y suis pour rien!
Ce n'est pas moi, je ne suis pas responsable!
I'm not responsible, I haven't done anything!

Celui-là, il est pas arrivé!
Il est loin du but, il n'y arrivera probablement pas. (Celui-là, prononcer: "cuila").
That one, he'll probably never make it!

J'ai pas d'bol/pas d'pot/pas d'veine!
Je n'ai pas de chance.
I'm unlucky!

Manque de bol, manque de pot!
C'est dommage, c'est raté!
What bad luck!

Ça a foiré!
Ça n'a pas marché, ça n'a pas fonctionné.
It fell through, I blew it!

L'affaire est tombée dans le lac.
Ça n'a pas marché, l'affaire a échoué.
It has fallen through. Literally, the deal fell in the lake.

(Sa demande est) restée lettre morte.
On n'a pas tenu compte de (sa demande), elle est restée sans réponse.
(His/her application/request) went unheeded, (it) wasn't taken into consideration.

Ne te fais pas de mauvais sang!
Ne t'inquiète pas!
Don't worry! (*Du sang* = blood).

Cesse de te ronger les sangs!
Cesse de te tourmenter!
Stop worrying yourself sick! (*Ronger* = to gnaw, to chew).

(Il marche) comme une âme en peine.
Il va tristement, solitairement.
(He wanders around) iike a lost soul.

Elle pousse des soupirs à fendre l'âme.
Elle est très triste.
She lets out, she heaves a heartbraking sigh. (*Fendre l'âme* = to crack the soul, to split the soul open).

J'ai le cafard.
J'en ai assez, je suis triste parce que mon pays, ma famille sont loin.
I feel low/down, I'm down in the dumps. Literally, I have the cockroach.

Eh bien, on n'est pas sortis de l'auberge!
On n'a pas fini d'avoir des ennuis.
Well, we're not out of the wood yet! (*L'auberge* = the inn).

J'en vois pas l' bout!

Je ne vois pas la fin de mes problèmes, de mon travail...

I can't get through (my problems, my assignment...). (*Le bout* = the tip, the end).

Il faut faire avec.

On n'a pas le choix, il faut se contenter de ce qu'on a.

We'll have to make do, we'll have to put up with.

Je suis dans le bain.

Je suis dans une situation dangereuse.

I'm in the swing of things, I'm in a dangerous position. Literally, I'm in the bath.

Je suis dans de beaux draps.

Je suis dans une mauvaise situation.

I landed in a fine mess. Literally, I'm in nice sheets.

Tu l'as dans le cul!

C'est bien fait pour toi, ça t'apprendra!

You're in trouble, you deserve it! Literally, you have it in the arse!

Je suis dans le même bateau que toi.

Je suis dans la même mauvaise posture, j'ai le même problème que toi.

We're in the same boat, we're both in trouble.

Tu me mènes en bateau!

Tu essayes de me tromper!

You're taking me in, you trying to deceive me!

Tu te fais des illusions.

Ne crois pas obtenir quoi que ce soit, ne crois pas qu'on va t'aider!)

You delude yourself, you're fooling yourself.

J'en bave/j'en ai bavé!

Je souffre/j'ai souffert!

I m' having a hard time, I was put through the mill. (*Baver* = to drool, to dribble).

Eh bien, j'en apprends une belle!

J'ai appris une mauvaise nouvelle/une nouvelle étonnante.

Well, I've been hearing stories!

C'est du beau! c'est du joli!

Ce n'est pas bien, ce que tu as fait n'est pas bien, tu n'as pas honte? On utilise souvent cette expression pour un enfant qui a fait une bêtise.

Lovely, that's a fine thing! This expression has an ironic connotation.

Elle est restée le bec dans l'eau.

Elle n'a pas pu répondre, elle est déçue et frustrée.

She's stuck, she's left high and dry. Literally, she stayed with her beak in the water.

Je suis tombé sur un os/un bec!

J'ai un problème. (Un bec (de gaz) = un réverbère).

I came across a snag, I encountered a problem. (*Un* bec (de gaz) = a gas street-lamp).

Nous avons eu une prise de bec.

Nous nous sommes disputé(e)s.

We had a row, an argument.

Il a bu la tasse.

Il a involontairement avalé de l'eau - dans la mer ou dans une piscine, il s'est noyé.

He swallowed a mouthful of water when swimming, he drowned. Literally, he drank the cup.

Ta femme, c'est pas un cadeau! il faut se la faire/taper/farcir... !

Elle est difficile à supporter.

Your wife's not a good catch, she's a real pain, you have to put up with her! (*Un cadeau* = a present, a gift).

Ils ne se font pas de cadeaux.

Ils n'ont pas de pitié l'un pour l'autre (parce qu'ils veulent gagner). – Expression très utilisée dans le domaine de la compétition sportive.

They don't do each other favours.

Quelle poisse! Quelle guigne!
Quelle malchance!
It's a real drag, what bad luck, what rotten luck!

Quel raffut, quel boucan, Quel vacarme!
Quel bruit!
what a racket, what a din!

Ne vous disputez pas pour une queue de cerise!
Ne vous disputez pas pour rien!
Don't fall out over a trifle! (*Une queue de cerise* = a cherry stalk).

Arrêtez de vous chamailler!
Arrêtez de vous disputer en faisant du bruit! – Expression souvent utilisée pour les enfants.
Stop squabbling!

(Je n'ai pas d'argent,) voilà le hic.
C'est ça, le problème.
(I'm penniless,) there's the snag, there's the rub.

Il prêche dans le désert.
Il parle et personne ne l'écoute, il parle pour rien.
He's a voice in the wilderness. (*Prêcher* = to preach).

Il a le cul entre deux chaises.
Il est dans une situation difficile, il ne sait pas choisir.
He's in an awkward position, he can't make up his mind. Literally, his arse's between two chairs.

Je ne suis pas chaud(e).
Je n'ai pas envie, je ne veux pas. – On me propose un boulot bien payé mais je ne suis pas chaud.
I'm not (too) keen.

Je suis chocolat!
J'ai perdu (dans un jeu).
I feel let down, I'm had, I'm the sucker! I lost (in a game).

Je me suis gouré(e)/planté(e).
Je me suis trompé(e).
I made a mistake, I got it wrong.

J'ai un pépin (avec mon ordinateur).
J'ai un problème.
I've got a problem (with my computer).

Mon ordinateur s'est planté!
Il ne fonctionne plus.
My computer crashed!

J'ai foutu (ma montre) en l'air.
Je l'ai détruite.
I ruined, I screwed up (my watch).

J'ai fait chou blanc.
J'ai échoué.
I drew a blank, I failed.

Il a raté le coche.
Il a manqué une bonne occasion.
He missed the boat. (*Un coche* = a (stage) coach).

Il m'a joué un tour de cochon!
Il m'a joué un très mauvais tour!
He played a rotten trick on me! (*Un cochon* = a pig).

Le prof m'a posé une colle.
Il m'a posé une question difficile.
The teacher set me a real poser, he asked me a difficult question.

J'ai eu deux heures de colle.
J'ai eu deux heures de retenue/de punition à l'école.
I've got two hours' detention. (*La colle* = glue).

Elle est sur la corde raide.
Elle est dans une situation dangereuse.
She's on a tightrope.

(Ce médecin) n'a pas la cote (auprès de ses confrères).
Il est mal considéré (par ses confrères).
(That doctor) isn't popular, he isn't well thought of (by his colleagues). (*La cote* = the rating).

Elle file du mauvais coton.
Elle est dans une mauvaise situation.
She's in a bad way.

C'est un coup bas.
C'est une attaque par derrière, une manœuvre pleine de lâcheté.
It's a blow below the belt, a sneak attack.

C'est un coup dur/un sale coup!
C'est grave, c'est une mauvaise surprise.
It's a major blow, a nasty blow!

C'est un coup monté!
C'est un piège!
It's a put-up job, a frame-up, a trap!

Il n'a pas tenu le coup.
C'était trop dur, il a abandonné.
He didn't hold out, he gave up.

Ça m'a fait un de ces coups!
J'en suis tout bouleversé!
It gave me an awful shock! I'm deeply moved, I'm shattered.

(Notre équipe de foot) a été battue à plates coutures.
Elle a perdu - 5 à 0 p.ex.
(Our football team) was trounced, it was beaten hollow.

On s'est fait piler, on a pris une de ces dégelées, on a pris une veste!
On s'est fait battre (dans un sport, dans un jeu).
We were crushed, we got a hiding (in sports).

On a morflé!
On a beaucoup souffert.
We copped it, we suffered a lot!

Il a échoué dans les grandes largeurs/longueurs.
Il a tout à fait échoué.
That turned out to be a fiasco with a capital F. (*La largeur* = the breadth; *la longueur* = the length).

(Ton voyage,) il faut tirer/mettre une croix dessus.
Il faut y renoncer.
You can kiss (your trip) goodbye.

Il s'est cassé les dents.
Il a échoué.
He failed. Literally, he broke his teeth.

Je tire le diable par la queue.
Je suis très pauvre.
I live from hand to mouth, I'm very poor. (*Le diable* = the devil).

C'est encore moi le dindon de la farce!
C'est moi la victime dans cette affaire.
I'm fooled, duped, I'm a turkey, I've been taken for a ride! Literally, I am again the joke's turkey!

Il s'en mord les doigts.
Il regrette amèrement ce qu'il a dit ou fait.
He kicks himself (for something), he regrets something very much. Literally, he bites his fingers.

Je suis le dos au mur.
Je suis dans une situation désespérée.
I have my back to the wall, I'm in a desperate situation.

Je me suis mis(e) le patron à dos.
Maintenant, il est contre moi.
I got on the wrong side of the boss, he turned against me.

Il se noie dans un verre d'eau.
Il a peur de la moindre difficulté.
He makes a mountain out of a molehill, he's afraid of the slightest difficulty. Literally, he's drowning in a glass of water.

(Entre eux,) il y a de l'eau dans le gaz, il y a de l'orage dans l'air, le torchon brûle.
Ça va mal, ils se disputent souvent.
(Between them,) there's trouble brewing, there's a storm brewing, it's war. Literally, there's water in the gas, there's thunder in the air, the cloth's burning.

Il a une tête d'enterrement.
Il est très triste.
He looks gloomy. (*Un enterrement* = a burial).

On lui a passé un savon.
On l'a critiqué sévèrement.
They gave him/her a telling-off, he/she was harshly criticised.

Il est né sous une mauvaise étoile.
Il a toujours de la malchance.
He was born under an unlucky star.

Son étoile pâlit.
Il a moins de chance.
His/her star's fading, he/she's less lucky.

Il m'a roulé dans la farine!
Je l'ai cru et il m'a trompé(e).
He pulled a fast one on me! He deceived me.

Elle me donne du fil à retordre.
Elle me cause des ennuis, des difficultés.
She gives me a hard time.

Me voilà frais!
Je suis en mauvaise posture, en mauvaise situation.
Now I'm in a fix! I'm in a difficult position.

Jeter un froid.
Rendre mal à l'aise. – La nouvelle de sa mort jeta un froid dans l'assemblée.
To cast a chill, to make somebody feel ill at ease.

C'est du gâchis, quel gâchis!
C'est triste, c'est dommage, quelle perte!
What a waste!

Eh bien, c'est gai! on est gâtés!
C'est triste, c'est ennuyeux. (Antiphrase).
Great, isn't it? (Antiphrasis). This expression is used ironically.

Qu'est -ce que je suis venu faire dans cette galère? .
Qu'est-ce que je fais ici? Expression qui indique un regret.
Why on earth did I get involved in that mess? This sentence is used to express a regret.

C'est pas la gloire!
Ce n'est pas fameux, je ne suis pas fier de moi.
It's not exactly brilliant! I'm not particularly proud of myself.

C'est pas la joie!
C'est pénible!
It isn't exactly a laugh-a-minute! It's rather painful.

J'ai la gorge serrée.
Je suis triste.
I have a lump in my throat, I'm sad.

(Il a fait une bêtise et maintenant,) il en prend pour son grade.
On le critique copieusement.
(He made a big mistake and now,) he's hauled over the coals, he's getting a good dressing-down, he's being criticised.

Il se dresse sur ses ergots, il monte sur ses grands chevaux.
Il est fier et orgueilleux parce qu'on s'est moqué de lui, il se met en colère.
His hackle rose, he got on his high horse, he proudly tries to save face after someone has made fun of him.

J'en ai vu des vertes et des pas mûres, j'en ai vu de toutes les couleurs.
J'ai souffert, j'ai dû supporter des choses pénibles.
I went through some hard times, they really put me through the mill, I suffered a lot.

On aura tout vu!
C'est incroyable, c'est inadmissible!
This is unacceptable!

Il a mordu à l'hameçon.
Il s'est laissé tromper, il est tombé dans le piège.
He took the bait, he fell in the trap.

Eh bien, je tombe de haut!
Je suis très surpris(e) et très déçu(e)!
I'm dumbfounded! I'm very surprised and disappointed.

J'en ai gros sur le cœur/sur la patate.
Je regrette vivement ce que j'ai ou ce que je n'ai pas fait.
I'm very/terribly upset.

Je ne suis pas d'humeur à plaisanter.
Je n'ai pas du tout envie de m'amuser.
I'm in no mood for joking.

Maintenant, elle n'en mène pas large.
Elle est dans une situation très désagréable, elle est en danger.
Now, she's worried stiff, she's in an unpleasant position.

Elle est au bord des larmes.
Elle va pleurer.
She's close to tears, she's going to cry.

J'en ai la larme à l'œil.
Je suis ému(e), ça va me faire pleurer.
I'm a bit weepy, I'm moved, I'm going to cry.

Il a fondu en larmes.
Il s'est mis à pleurer.
He burst into tears.

Elle pleure à chaudes larmes.
Elle pleure abondamment.
She cries as though her heart would break. (*Des larmes* = tears).

Elle pleure toutes les larmes de son corps.
Elle pleure énormément.
She cries her eyes out, enormously.

C'est (une histoire) triste à pleurer.
C'est très triste.
This (story) is too sad for words.

C'est bête à pleurer!
C'est vraiment dommage!
It's too stupid for words!

Ça te servira de leçon!
Tu l'as bien mérité, c'est bien fait pour toi!
Let that be a lesson to you!

Tu as agi à la légère!
Tu as fait quelque chose sans réfléchir.
You acted without thinking! (*À la légère* = too lightly).

(Il a donné son accord) du bout des lèvres.
Il a accepté avec réticence, sans le vouloir vraiment.
He agreed half-heartedly. (*Du bout des lèvres* = from the tip of the lips).

Il est mal loti.
Il n'a pas de chance. (Être loti = être logé).
He's badly off, he has no luck. (*Être loti* = to live somewhere).

je suis paumé(e)/dans le cirage!
Je suis totalement perdu(e), je ne sais plus où j'en suis, je n'y comprends plus rien!
I'm lost, mixed up, out of it! I don't know what happens.

(J'ai accepté) la mort dans l'âme.
Avec beaucoup de regrets.
(I accepted) with a heavy heart. (*La mort dans l'âme* = with death in (my) soul).

(Il s'est marié) contraint et forcé.
Sans en avoir le choix.
(He married) under duress, because he had no other choice.

Elle a pris la mouche.
Elle s'est fâchée sans raison.
She flew off the handle, she got upset without reason. Literally, she took the fly.

Quelle mouche te pique?
Qu'est-ce qui te prend, pourquoi te fâches-tu?
What's got into you, why are you so upset?

Je broie du noir.
Je suis déprimé(e), très triste.
I'm moping, I'm brooding, I'm depressed, very sad.

Tu vois tout en noir!
Tu es pessimiste!
You're looking on the black side (of things), you're pessimistic!

Il n'est pas en odeur de sainteté.
On ne l'apprécie pas, il est mal vu.
He's in (someone's) bad books, he's not appreciated at all.

Elle a jeté un/le pavé dans la mare.
Elle a dérangé tout le monde.
She set the cat among the pigeons, she disturbed everyone. Literally, she threw a cobblestone into the pond.

Il a fait une gaffe, une boulette.
Il a fait une erreur, une bêtise.
He blundered, he made a mistake. (*Une gaffe* = a hook; *une boulette* = a pellet).

Il a commis un faux pas, il a mis les pieds dans le plat.
Il a fait une grosse erreur. – Il a tutoyé une personne importante p.ex.
He made a mistake, he put his foot in it.

Lâche-moi les baskets!
Laisse-moi tranquille!
Give me a break! (*Les baskets* = trainers, sport shoes).

Tu me casses les pieds/les couilles, tu me les casses, tu me les gonfles, tu me pèles les couilles, tu me les pèles, tu es pelant(e), tu me bassines (avec tes problèmes), tu me pompes l'air, tu me cours sur le haricot!
Tu m'ennuies!
You're boring me, you're bothering me, you're a pain in the neck, you're getting on my nerves! (*Un haricot* = a bean).

Arrête d'enfoncer le clou!

Cesse d'insister!

Stop driving the point home, stop insisting! Literally, stop hammering the nail in!

(Je suis dans) une mauvaise passe.

Dans une période où je n'ai pas de chance, où je n'ai que des problèmes.

I'm going through a bad patch, I'm in a bad period.

Ça commence à bien faire!

Ça dure trop longtemps, ça m'ennuie sérieusement!

It's getting a bit much! It's too long, I'm bored.

J'ai les nerfs en pelote.

Je suis très nerveux, je ne tiens plus.

I'm really wound up, I'm very nervous.

Il est sur la mauvaise pente.

Il se laisse aller à ses vices, il commence à boire, il ne respecte plus la loi.

He's on the slippery slope, he starts to drink, he doesn't respect the law anymore.

Je suis dans le pétrin.

Je suis dans une mauvaise situation.

I'm in a real fix, I'm in a bad position.

Arrête de chialer!

Arrête de pleurer!

Stop blubbering, stop sobbing!

(Ce projet) a du plomb dans l'aile.

Il menace de s'arrêter, il ne va probablement pas se réaliser.

(That project) is in a bad way, it probably won't be realized.

Il est de mauvais poil.

Il est de mauvaise humeur.

He's in a bad mood.

Il a mordu la poussière.

Il a été battu, vaincu (dans un combat).

He bit the dust, he lost a fight.

(Son espoir est) tombé en poussière.

Il a disparu.

His hope fell to bits, crumbled away, disappeared.

Je suis resté(e) en rade/en carafe/en plan.

J'ai été abandonné(e), je me suis retrouvé(e) coincé(e) dans un endroit/une situation indésirable, je suis resté(e) tout(e) seul(e).

I'm left stranded, I'm stuck, I'm left high and dry, alone and abandoned.

Elle est pendue à mes basques.

Elle ne me quitte pas d'une semelle, je ne peux pas m'en débarrasser.

She's always hanging on my coat-tails, she sticks to me like a leech, she doesn't leave me alone one moment.

Il faut se faire une raison...

Il faut accepter le sort, se résigner.

You just have to resign yourself to it, you have to accept it.

Il n'y a pas de quoi rire!

Ce n'est pas drôle. (Prononcer: "yapad quoi rir")

That's not funny, that's no laughing matter!

Ça ne tourne pas rond, ça cloche.

Il y a quelque chose qui ne va pas, qui ne fonctionne pas.

There's something fishy (about this), something's wrong.

Ça sent le roussi!

Ça devient dangereux, ça va aller mal, ça va mal tourner!

There's trouble brewing! Something bad will happen.

Bonjour les dégâts!

Gare aux conséquences! Il fume deux paquets par jour! Eh bien, a trente ans, bonjour les dégâts!

Here comes trouble!

Elle se demande à quelle sauce elle va être mangée.

Elle se demande comment on va se débarrasser d'elle.

She wonders what's in store for her, she wonders how they'll get rid of her. Literally, she wonders what sauce they'll use to eat her with.

Il est sur la sellette.

Il est dans une position désagréable. On l'interroge pour savoir s'il est impliqué (dans un crime). (La sellette était le siège bas des accusés).

He's in the hot seat, in an uncomfortable position, he's questioned as he might be involved in a crime. (*La sellette* = the seat where the accused used to sit).

C'était écrit, ça devait arriver!

C'était inévitable. – Ces expressions du fatalisme s'emploient surtout lors d'événements malheureux. Il buvait, il a eu un accident, ça devait arriver.

It was written, it had to be, it had to happen! These expressions are normally used to stress a fatal event.

Je me suis fait pincer.

On/la police m'a attrapé(e).

I got caught, nabbed (by the police, for instance). (*Pincer* = to pinch).

La police l'a cueilli(e) à la sortie.

La police l'a attrapé(e).

He's been picked up, he's been arrested (by the police, for instance).

Elle est tombée dans le panneau.

Elle est tombée dans le piège, elle s'est fait avoir.

She fell for it, she fell in the trap. (*Un panneau* = a sign, a board).

Il/elle me l'a (bien) fait sentir.

Il/elle m'a fait comprendre quelque chose d'une manière désagréable, en me critiquant, en insistant dessus... Il m'a fait sentir que je l'ennuyais en me demandant plusieurs fois l'heure.

He/she made it clear to me, he/she made me understand something in an unpleasant way.

(J'en ai marre de) faire tapisserie!

(J'en ai assez de) rester là sans rien faire alors que les autres s'amusent/s'occupent!

(I'm fed up) to be a wallflower (while the others are busy)!

Ça commence à bien faire!
Ça dure trop longtemps, ça m'ennuie!
It's getting a bit much!

Tu tombes mal!
Tu arrives juste au mauvais moment.
You're unlucky, you've timed that badly!

Il la regarde de travers.
Il la regarde méchamment.
He gives her filthy looks, he glares at her.

Être dans creux de la vague.
Être dans une mauvaise situation financière (pour un homme d'affaires), ne pas avoir de succès pendant une certaine période (pour un artiste).
To be at rock bottom, in a very bad position.

Je suis dans la mélasse/la panade.
J'ai un gros problème, un gros ennui.
I'm in a mess, I'm in the soup, I have a big problem. (*La mélasse* = molasses, murk).

Il râle comme un pendu.
Il montre sa mauvaise humeur avec ostentation.
He's moaning ostentatiously. (*Un pendu* = a hanged man).

4. Tout va très mal. – Everything goes really wrong

Tu me tapes/portes sur les nerfs!
Tu m'énerves!
You're getting on my nerves!

J'ai les nerfs en boule/en pelote.
Je suis très énervé(e).
I'm really wound up! I'm very nervous.

Se mettre en boule/en rogne.
Se mettre en colère. – Elle s'est mise en boule contre moi.
To be furious, to get mad, to lose one's temper.

Il cherche la petite bête.

Il est extrêmement méticuleux, il veut critiquer à tout prix.

He nit-picks, he looks for the tiniest details in order to criticise someone.

Elle me cherche les poux.

Elle veut m'ennuyer.

She nit-picks, she finds fault with me, she wants to annoy me.

Cet artiste a fait un four.

Il n'a eu aucun succès.

This artist has no success, his performance is a flop.

On l'a traîné(e) dans la boue.

On l'a critiqué(e) méchamment, on a sali sa réputation.

They dragged his/her name through the mud, his/her reputation has been badly damaged.

Putain! putain de...!

Oh la la! quel/quelle...! Putain de porte! = la porte ne s'ouvre pas. Putain de moteur! = le moteur de la voiture ne démarre pas.

Fucking (door, car...)!

Ça tourne mal.

Ça ne va pas, ça devient dangereux.

It turns out badly, it's becoming dangerous.

(Chez toi,) c'est le bordel! Quel bordel!

Quel désordre!

(Your place,) what a shambles! (*Un bordel* = a whorehouse).

Il a foutu le bordel/la merde partout!

Il a tout mis en désordre!

He made a terrible mess everywhere!

Tu dépasses les bornes!

Tu exagères!

You go too far! (*Une borne* = a kilometre marker whence *les bormes* = limits).

Eh bien, c'est le bouquet/c'est le comble/c'est complet!

C'est le pire, c'est trop fort, c'est exagéré!

Well, that's the limit, it's the last straw! (*Le bouquet* = a bunch of flowers; *le comble* = packed).

Tu me pousses à bout!

Tu vas me faire exploser, je n'en peux plus, je vais craquer!

You're pushing me to the limit!

Les carottes sont cuites.

Tout est perdu.

The game is up, all is lost. Literally, the carrots are cooked.

Le criminel en cavale s'est fait pincer par la police.

Le criminel en fuite a été pris/attrapé par la police.

The criminal on the run has been caught by the police.

Je suis fait comme un rat!

Je ne peux plus m'échapper!

I'm caught like a rat in a trap.

Il est resté sur le carreau.

Il est resté à terre, il est vaincu.

He's been killed, defeated, he's been left high and dry.

Ça sent le brûlé, ça va chauffer!

Ça va aller mal!

Things are becoming unpleasant, there's trouble brewing!

Je suis sur des charbons ardents.

Je suis dans une situation très délicate.

I'm like a cat on a hot tin roof, I'm in a very delicate position.

On me met le couteau sur la gorge.

Je suis forcé(e) d'accepter.

They hold a pistol to my head, I have to accept. Literally, they hold a knife to my throat.

J'en ai plein le dos!

J'en ai marre, j'en ai assez!

I'm fed up! I'm fed up to the back teeth!

J'ai subi la douche écossaise.

J'ai été durement critiqué(e).

For me, it's the bucket of cold water, I've been harshly criticized.

On l'a descendu(e) en flamme.

On l'a critiqué(e) à mort.

He/She was shot down, he/she was badly criticised.

Je suis logé(e) à la même enseigne (que vous).

J'ai les mêmes ennuis (que vous).

We're in the same boat, we have the same problems (*Une enseigne* = a (shop) sign).

Au point où on en est...

Ça ne peut pas être pire. – Cette expression indique qu'il n'y a plus rien à espérer pour que la situation s'améliore.

We've reached the point where..., the way things are now... This expression indicates things cannot get better but as there is also nothing to lose, something could be attempted.

Il a vidé les étriers.

Il a perdu sa place, sa situation. – Pour un cavalier, cette expression signifie: il est tombé de cheval.

He took a tumble (off his horse), he lost his job. (*Un étrier* = a stirrup).

Je reçois/je touche un salaire de misère.

J'ai un très bas salaire, je suis très mal payé(e).

I earn a starvation wage, I receive a very low salary.

C'est la fin des haricots.

Tout est perdu, il n'y a plus d'espoir.

We've had it, our goose is cooked, there's no hope. Literally, this is the end of the beans.

Je ne sais plus où me fourrer/où me mettre

Je suis honteux, je voudrais disparaître.

I don't know where to put myself, I'd like to hide myself (because I'm ashamed).

J'ai passé un mauvais quart d'heure.
J'ai passé un moment particulièrement désagréable.
I had a bad time of it. (*Un quart d'heure* = a quarter of an hour)

Je suis hors de moi, je suis furax/furibond, je grimpe au mur.
Je suis furieux.
I'm furious, I'm beside myself, I'm mad (at something). (*Grimper au mur* = to climb up the wall).

Ça l'a mis hors de ses gonds.
Ça l'a rendu furieux.
It made him/her fly off the handle, he/she became furious.

(Il m'en veut) à mort.
(Il est) extrêmement (fâché contre moi).
(He) hates my guts, he's extremely upset (by me).

Elles se sont crêpé le chignon.
Elles se sont battues.
They scratched each other's eyes out (physically), they had a set-to (verbally), they had an argument.

Je suis à bout de nerfs.
Je n'en peux plus, je vais craquer, me fâcher ou pleurer.
I'm at the end of my tether/rope, I'm going to cry/lose my temper.

Je me suis cassé le nez.
j'ai échoué, c'était trop difficile.
I failed. (*Se casser le nez* = to break one's nose).

(Je me retrouve) sur le pavé.
Sans logement, sans travail et sans argent.
(I found myself) out on the street, without lodging, a job or money.

J'essaye de me sortir d'un mauvais pas.
J'essaye de m'extraire d'une situation difficile ou dangereuse.
I try to get out of a tight corner, of a difficult or dangerous situation.

Je me suis fourré(e) dans un sacré guêpier! Dans quel guêpier me suis-je fourré(e)?

Je me suis mis(e) dans une très mauvaise situation, je suis tombé(e) dans un piège. (Le guêpier est un nid de guêpes).

I got myself into a tight corner! What kind of mess have I got myself into? I put myself into a trap, a difficult position. (*Un guêpier* = a wasps'nest).

(Les ennemis ont été) taillés en pièces.

(Ils ont été) vaincus, complètement détruits.

They made mince meat of (the enemy), (the enemy) was crushed.

Je suis sur la corde raide.

Je suis dans une situation dangereuse, en mauvaise posture.

I'm on a tightrope, in a difficult position.

Je ne sais plus à quel saint me vouer!

Je ne sais plus quoi faire!

I don't know which way to turn! I don't know what to do. Literally, I don't know anymore to which saint I could devote myself!

Il/elle doit se retourner dans sa tombe!

Le défunt même doit en être indigné! – Cette expression s'utilise lorsque l'on commente ironiquement les "oeuvres" de l'imitateur d'un artiste célèbre (chanteur, peintre...).

He/she must turn in their grave! This expression is used while commenting ironically on the work of the imitator of a famous artist (singer, painter...).

La traversée du désert.

La période plus ou moins longue pendant laquelle un politique, un artiste ou toute personne notoire cesse d'avoir du succès. – Allusion à l'épisode de la traversée du désert qu'effectua le peuple juif sous la conduite de Moïse.

A period in the wilderness, a difficult period (during which a politician, an artist or any well-known person is not successful). This expression refers to the crossing of the desert by the Jews under the leadership of Moses.

Elle est dans le trente-sixième dessous.
Elle est désespérée, elle est dans une très mauvaise situation.
She's in the depths of depression, she's really down.

5. **Intermède scatologique**. – Scatological interlude

Il/elle raconte des cochonneries.
Des histoires sales.
He/she says smutty/dirty things.

Se torcher le cul.
Se nettoyer le derrière avec du papier toilette.
To wipe one's arse.

La merde, la crotte, le caca, la chiure.
Les excréments plus ou moins solides. – J'en ai marre de bouffer de la merde tous les jours!
Shit, crap, pooh, flyspeck.

Ton chien a laissé sa carte de visite (sur mon sofa)!
Il a fait une crotte (dessus).
Your dog did its business (on my sofa)! (*La carte de visite* = the business card).

Merde, bonne merde!
Bonne chance! – Cette expression s'emploie avant de passer un examen, avant de se rendre à un rendez- vous pour un emploi...
Good luck! This expression is used as an antiphrasis to wish someone all the best before an exam or a job interview.

Je me suis foutu dans la merde! je suis dans la merde (jusqu'au cou)!
J'ai des ennuis à n'en plus finir.
I'm in deep shit! (*Jusqu'au cou* = up to the neck).

Merde alors!
Expression d'étonnement. Merde alors! le resto est fermé! Merde alors! tu as réussi!
Shit! This expression indicates a bad or a good surprise.

C'est de la merde!

C'est de mauvaise qualité. Cette caméra bon marché, c'est de la merde!

This is shit, rubbish, a piece of junk!

Se foutre dans la merde.

Plonger dans les ennuis.

To be in the shit, to run into trouble.

Il ne se prend pas pour de la merde!

Il a une haute opinion de lui-même.

He thinks the sun shines out of his arse! He has a high opinion of himself.

J'ai marché dedans!

J'ai marché dans la crotte (de chien).

I've trodden in some (dog) shit!

P... de m...! Putain de merde!

Expression de dépit. Putain de merde! j'ai laissé les clés dans la bagnole!

Fucking shit! This expression indicates bitter disappointment.

Petit merdeux, petite merdeuse!

Sale gosse, méchant enfant!

Little shit! you little brat! Expression used toward a naughty child.

Je suis dans un de ces merdiers!

Je suis dans une très mauvaise situation, je ne m'en sors plus!

I'm in a bloody mess! I'm in a very bad position.

Emmerder.

Ennuyer (quelqu'un).

To annoy, to hassle, to bore (someone) to death.

S'emmerder.

S'ennuyer.

To be bored stiff.

Je suis emmerdé de te demander ça.

Ça m'ennuie de te demander ça.

I'm very sorry to ask you that.

Qu'est-ce qu'elle est emmerdante!
Comme elle est ennuyeuse!
She's bloody boring, she's damned annoying!

Un emmerdeur, une emmerdeuse.
Une personne particulièrement ennuyeuse.
A troublemaker, a pain in the arse.

Un emmerdement.
Un (gros) ennui/problème.
A problem.

Se démerder.
Se débrouiller, trouver un moyen d'arriver à un résultat malgré les difficultés.
To manage.

Démerde-toi!
Fais-le sans moi, sans mon aide!
Get your arse in gear! You'll have to get along without me, find a solution without my help.

Merdoyer, merdouiller.
Être maladroit, s'embrouiller dans des explications peu lumineuses.
To get (completely) stumped, to be unable to express yourself clearly in an exam, for instance.

Chier.
Déféquer – ce terme dérive du latin "cacare".
To shit.

Chierie!
Expression de dépit employée pour critiquer le mauvais fonctionnement d'une machine ou l'ennui que quelque chose nous cause. – Chierie de pot de colle! chierie de service militaire!
Damn (thing)! This expression indicates utter disappointment toward a machine that fails working properly or toward a big problem we may have.

Tu me fais chier!
Tu m'ennuies énormément! You piss me off, you're a pain in the arse/neck!

Je chie des barres!
Je suis terriblement ennuyé(e).
I'm extremely pissed off/annoyed!

Qu'est-ce que je me suis fait chier!
Qu'est-ce que je me suis ennuyé(e)! qu'est-ce qu'on m'a ennuyé(e)!
I had such a bloody boring time!

Je l'ai envoyé chier.
Je lui ai demandé de partir, je m'en suis débarrassé(e).
I told him/her to piss off, to go away.

Fais pas chier!
Cesse de nous embêter!
Don't be such a pain in the arse, give me/us a break!

C'est chié (comme peinture)!
C'est (une peinture) très élaborée.
(This painting) is very sophisticated, it's damn good!

C'est bien chié!
C'est bien dit.
Well said!

Ça va chier!
Il va y avoir de la bagarre.
The shit's really going to hit the fan, there's going to be a fight!

Il est à chier, ce mec!
Il est insupportable!
This guy's a real pain in the arse! I can't stand him.

(C'est elle,) y a pas à chier.
C'est sûr, c'est certain.
(That's her,) there's no doubt, it's certain.

Qu'est-ce que tu peux être chiant!

Ennuyeux.

You're a real pain, you're boring!

Il a chié dans son froc.

Il a eu très peur. (Un froc = un pantalon).

He shit in his pants, he's scared shitless, he's really afraid. (*Un froc* = trousers).

Il a pas déchié de toute la soirée.

Il n'a pas arrêté de s'ennuyer pendant toute la soirée.

He was bored to death all evening.

Y a pas à tortiller du cul pour chier droit dans une bouteille!

Il est inutile d'hésiter.

There's no use hesitating, it's got to be done. (*Tortiller du cul* = to wiggle; *une bouteille* = a bottle).

J'ai la chiasse.

J'ai la diarrhée/la coulante.

I have the runs, I have diarrheoa.

Les chiottes.

Les toilettes.

The bog, toilets.

Des toilettes à la turque.

Des toilettes où l'on ne s'assied pas sur une lunette mais où il faut rester accroupi(e).

Seatless, hole-in-the-ground toilets.

Pisser, arroser.

Uriner.

To urinate, to pee, to piss.

Ça l'a pris comme une envie de pisser

Il a fait quelque chose brusquement, sans pouvoir s'en empêcher.

He had a sudden urge to do it.

Couler un bronze.

Déféquer.

To defecate, to have a crap. Literally, to cast a bronze.

Crème d'anus!
Une personne insignifiante identifiée au résidu de la digestion. (Injurieux)
Anus' spread! (Offensive)

Le panier à crottes.
Le derrière.
The backside. Literally, the droppings/muck basket.

Mon cul!
Pas question, certainement pas!
My arse! No way, certainly not!

Et mon cul, c'est du poulet!
Pas question, c'est ridicule!
No way! You're pulling my leg! (*C'est du poulet* = it's chicken (meat)).

Va te faire enculer! va te faire foutre!
Tais-toi, va-t'en, disparais!
Fuck off! (Offensive)

Enculé(e)!
Imbécile! (Injurieux)
Arsehole! (Offensive)

Il encule les mouches.
Il fait attention à des détails insignifiants/sans importance.
He splits hairs, he nit-picks, he pays attention to unimportant details.

Il a lâché un pet de maçon/de boulanger.
Il a fait un pet qui entraîne de la matière fécale.
He farted a wet fart (with some faeces coming out).

Elle lui a fait un pet en coque.
Elle a pété dans la main et a porté sa main au nez de quelqu'un.
She farted in her hand and put it up to the nose of somebody. (*En coque* = in a shell).

6. **À table**! – Dinner's ready!

La bouffe, la boustifaille.
La nourriture.
Eating, food, grub, meal.

Bouffer.
Manger. – Y a rien à bouffer ici!
To eat, to eat a lot, to stuff oneself.

J'ai un (petit) creux.
J'ai (une petite) faim.
I feel peckish, I 'm a little hungry.

J'ai la fringale, je crève de faim!
J'ai grand faim.
I'm starving!

Elle n'a rien à se mettre sous la dent.
Elle n'a rien à manger, à lire...
She has nothing to eat, to read... Literally, she's got nothing to put under her tooth.

Danser devant le buffet.
N'avoir rien à manger. – Le buffet est une table garnie et un meuble.
To have nothing to eat.

Ça creuse.
Ça donne faim.
It gives you an appetite, it makes you hungry.

Ce travail m'a creusé l'appétit.
Il m'a donné l'envie de manger.
This work really gave me an appetite.

J'ai une faim de loup!
J'ai très faim.
I'm ravenous, I'm very hungry. *(Un loup* = a wolf).

Viens, on va se taper la cloche.
On va bien manger.
Let's go out for a slap-up meal, let's have a good meal. Literally, we're going to hit the bell.

On va faire/se payer/se taper un gueuleton.

On va faire un bon repas.

Let's have a blowout, a nosh-up, let's have a big meal.

Un boui-boui.

Un café qui ne paye pas de mine, un petit café de quartier.

A joint, a greasy spoon, a small restaurant.

Alors, on attaque? Bon, j'attaque!

On commence à manger? Bon, je commence.

Shall we attack? Good. I attack! I start eating.

Un casse-croûte.

Un repas léger.

A snack.

Casser la croûte/la graine.

Manger, déjeuner.

To eat, to nosh. (*La croûte* = the crust; *la graine* = the seed).

Il mange sur le pouce.

Il mange rapidement.

He has a quick bite to eat, he grabs a bite to eat, he has a snack. (*Le pouce* = the thumb).

Elle s'empiffre, il bouffe des crêpes à la pelle, elle goinfre, il bâfre, elle s'en met jusque là! Il s'en met plein la lampe, elle se tape la cloche.

Il/elle mange beaucoup (trop).

She stuffs herself, he eats pancakes by the dozen, she gorges herself, he gulps his meal down, he pigs out, she has a good meal.

Elle mange comme quatre!

Elle a beaucoup d'appétit.

She eats like a horse, a lot!

Tu es un goinfre!

Tu as tout mangé, tu ne laisses rien aux autres!

You eat like a pig! You leave nothing for the others to eat.

Il a le bec fin, c'est une fine bouche/gueule.
Il a du goût, il sait discerner ce qui est bon à manger.
He's a gourmet. (*La gueule* = the mouth).

Elle fait la fine bouche.
Elle fait des manières, elle fait la difficile avec la nourriture. (Faire = prétendre).
She turns her nose up (at something), she's choosy with food. (*Faire* = to pretend).

Hier, je me suis payé/farci une de ces entrecôtes à l'os!
Je l'ai mangée avec plaisir.
Yesterday, I ate a T-bone steak and I enjoyed it a lot.

Il creuse sa fosse avec les dents.
Il mange tant qu'il en mourra.
He eats himself into an early grave, he eats so much that he'll die.

Il a un fameux coup de fourchette.
Il mange beaucoup, il a beaucoup d'appétit.
He has a hearty appetite, he's a hearty eater, he eats well and with appetite. (*Une fourchette* = a fork).

Il mange le petit doigt en l'air.
Il mange de façon élégante, parfois un peu ridicule.
He eats like a dandy, affectedly.

Quel estomac!
Qu'est-ce qu'il peut manger! comme il mange beaucoup!
He/she can really eat a lot! (*L'estomac* = the stomach).

Il a un estomac d'autruche.
Il digère n'importe quoi.
He has a cast-iron stomach, he can digest anything. (*Une autruche* = an ostrich).

(Cette pâtisserie,) c'est de l'étouffe-chrétien!
Elle obstrue la gorge, elle empêche d'avaler facilement.
(This pastry) is pure stodge, it's very difficult to swallow.

Je cale!

Je n'en peux plus, j'arrête de manger!

I give up! I can't eat anymore.

J'ai les dents du fond qui baignent, j'ai bouffé à me péter les veines du ventre.

Je ne peux plus rien avaler, je suis plein à craquer.

I'm filled, I have no place left for food. Literally, my back teeth are bathing (in food), I stuffed myself so much that the veins on my belly are bursting.

Quand y en a pour deux, y en a pour trois!

Il y a toujours assez à manger pour une personne supplémentaire.

There's always enough food for one more mouth.

Il y en a assez pour tout un régiment!

Il y a beaucoup trop à manger.

There's enough to feed an army!

Faire la bouffe/la tambouille/le rata/ la popote.

Faire la cuisine, préparer le repas.

To prepare/cook the grub, to do the cooking.

Manger à la fortune du pot, à la bonne franquette.

Manger sans accorder d'importance à ce qu'il y a à manger, du moment que l'on soit en bonne compagnie.

To eat and take pot luck, to have an informal meal. – The bill - if there is one - is divided among all participants who have a good time eating and being together).

(Si tu ne te tiens pas bien à table,) tu ne mangeras jamais chez la reine d'Angleterre!

Menace adressée à un enfant.

If you don't behave, you'll never dine with the Queen of England! This expression is used for children.

J'ai mangé de la vache enragée (dans ma jeunesse).

J'étais très pauvre, j'ai eu une vie de privations.

I went through hard times. Literally, I ate rabid cow (in my youth).

On va faire la bombe.
On va s'amuser, boire et manger autant que l'on veut.
We'll live it up, we'll have a feast, we'll eat and drink as much as we like.

La bidoche.
La viande.
Meat.

La barbaque, la carne.
De la mauvaise viande.
Leathery meat, hard meat.

Ce steak, c'est de la selle de cheval! c'est de la semelle!
Il est trop dur.
This steak is too hard, it's as tough as old boots/leather! (*Une selle* = a saddle; *une semelle* = a sole).

Il est cramé, ce steak!
Il est trop cuit. (Cramer = brûler). Ca sent le cramé.
This steak is burnt!

Quelle lavasse!
Quelle soupe insipide!
It tastes like dishwater!

Des fayots.
Des haricots secs.
Beans.

Le sauciflard.
Le saucisson.
Sausage.

La douloureuse.
L'addition.
The bill. Literally, the painful one.

C'est le coup de fusil!
L'addition est très élevée.
The bill's a bit of a shock, the bill's really steep!

Une bouche de plus à nourrir!

Expression de dépit employée à propos d'une naissance non désirée.

One more mouth to feed! This expression is used to express regret at the birth of an unwanted child.

Qu'est-ce qu'on a dégusté!

On a beaucoup souffert.

We really went through hell, we really had a rough time! (*Déguster* = to taste, to sample).

Pour la critiquer, tu n'y vas pas avec le dos de la cuiller!

Tu le fais vigoureusement, sans ménagement.

To criticize her, you don't pull your punches, you don't do things by halves! (*Le dos de la cuiller* = the back of the spoon).

Je m'en lèche les doigts.

J'adore ça.

I lick my fingers of it, I love it.

Ça mettra du beurre dans les épinards.

(Cet argent me) permettra de vivre mieux.

(That money) will make life that little bit easier.

Gagner son bifteck/sa croûte/son pain.

Gagner sa vie.

To earn a living, a crust.

C'est dur à avaler!

C'est difficile à accepter, à croire.

It's difficult to swallow, it's hard to accept, to believe!

C'est du réchauffé.

Ce n'est pas neuf, c'est une information que tout le monde connaît déjà.

It's old hat, there's nothing new about it.

C'est du tout cuit, c'est du gâteau.

C'est très facile.

It's a piece of cake, it's in the bag, it's a cinch, it's very easy.

C'est pas de la tarte, c'est pas du tout cuit.
C'est difficile.
It's no picnic, it's not all cut and dried, it's easier said than done, it's difficult. (*Une tarte* = a tart, a pie).

J'ai le bras en compote.
Je suis blessé(e) au bras, j'ai le bras cassé.
My arm is killing me, it hurts.

(Quand il apprit que j'avais quinze enfants, il en resta) comme deux ronds de flan.
Stupéfait, extrêmement étonné. (Le flan est une sorte de crème).
(When he learned I had fifteen children,) he was dumbfounded/flabbergasted. (*Un flan* = a custard).

Je l'ai retourné(e) comme une crêpe.
Je l'ai fait changer complètement d'avis.
I made him/her change their mind completely. (*Une crêpe* = a pancake).

Laisse-le/la cuire dans son jus!
Laisse-le/la réfléchir, se débrouiller tout(e) seul(e) avec son problème!
Let him/her stew in their own juice! Let him/her solve their own problem.

Qu'est-ce qu'il mijote?
Qu'est-ce qu'il prépare comme mauvais coup?
What is he cooking up? What bad thing is he planning to do?

Elle est soupe au lait.
Elle a un mauvais caractère.
She flies off the handle easily, she's quick-/bad-tempered. (*La soupe au lait* = bread and milk).

Je suis trempé(e) comme une soupe!
Je suis complètement mouillé(e)!
I'm soaked to the skin, I'm wet through!

Il s'est amené comme un cheveu sur la soupe.
Il est arrivé a un mauvais moment.
He came at the wrong time. Literally, he came like a hair on the soup.

Il ne mâche pas ses mots.
Il parle durement.
He doesn't mince his words, he speaks harshly.

Le menu.
Le programme. – Aujourd'hui, il y a deux films de Fellini au menu.
The programme.

(Raconte-moi ce qui s'est passé) par le menu.
En détail.
(Tell me what happened) in (great) detail.

Il s'est mis à table.
Il a avoué, il a tout raconté (à la police).
He spilled the beans, he confessed (to the police).

Après trois heures d'interrogatoire, elle a craché le morceau.
Elle a parlé, elle a avoué, elle a trahi.
After she was interrogated for three hours, she came clean, she confessed. (*Cracher le morceau* = to spit the piece).

C'est du pain bénit.
C'est une grande chance.
It's godsend, that's luck.

Ça ne manque pas de sel.
C'est original, amusant, distrayant. – Cette histoire ne manque pas de sel.
It has a certain piquancy, it's witty, original, amusing.

C'est à prendre avec un grain de sel.
Il vaut mieux ne pas le croire totalement.
Don't believe all is true (in that story).

Ne va pas mettre ton grain de sel là-dedans!
Ne te mêle pas de cette histoire/de ça!
Don't put/stick your oar in, don't meddle! (*Un grain de sel* = a grain of salt).

La note est salée.
L'addition est élevée.
The bill is steep. (*Salé* = salty).

Elle a mis les petits plats dans les grands.

Elle fait son possible pour plaire à quelqu'un.

She put on a big spread, she did the utmost to please someone. (*Un plat* = a dish).

C'est gratiné!

C'est remarquable! – 5000 euros d'amende! Eh bien, c'est gratiné!

It's tough!

Le cinéma est plein comme un œuf.

Il est tout à fait rempli.

The cinema is chock-a-block, full to bursting, completely full.

Il est ficelé comme un saucisson.

On l'a lié à un point tel qu'il ne peut plus bouger.

He's trussed up like a chicken. Litterally, he's tied up like a sausage.

T'as des frites dans les oreilles?

Tu es sourd, tu n'entends pas ce que je dis?

Are you deaf? Literally, do you have chips/fried potatoes in you ears?

J'ai mis les pieds dans le plat!

J'ai fait une grosse faute, une grosse bêtise.

I put my foot in it! I made a big mistake.

Elle en fait tout un plat.

D'un détail, elle fait toute une histoire, elle donne trop d'importance à quelque chose.

She makes a song and dance about it, she makes a big deal about it.

Elle lui a tenu la dragée haute.

Elle ne s'est pas laissée faire, il a dû tenir compte de son opinion. (Une dragée est une amande enrobée de sucre).

She held out on him/her, she resisted and imposed her point of view.

Tout baigne dans l'huile.

Tout va bien.

Everything's going smoothly, everything's fine. (*Baigner dans l'huile* = to bath in oil).

(La conversation) a tourné au vinaigre.

Elle s'est envenimée, elle s'est terminée en dispute.

(The conversation) turned sour, it ended badly. (*Le vinaigre* = vinegar).

Il est à ramasser à la petite cuiller.

Il est gravement blessé ou épuisé; littéralement, il est en petits morceaux.

They have to scrape him off the ground/road, he's all washed out, he's seriously hurt or exhausted.

Elle pédale dans la choucroute.

Elle fait bêtise après bêtise, elle ne sait plus ce qu'elle doit faire.

She flounders about, she makes mistake after mistake and is completely lost. (*Pédaler dans la choucroute* = to pedal in sauerkraut).

La potion est amère!

Le remède est lourd à supporter.

It's a bitter pill to swallow! The remedy/solution is hard to accept.

7. **A la vôtre**! – Cheers!

J'ai la dalle, j'ai le gosier sec.

J'ai soif. (La dalle, le gosier = la gorge).

I'm thirsty. (*La dalle, le gosier* = the throat).

Boire un coup, se rincer la dalle, prendre un verre/un pot, trinquer, lever le coude.

Boire.

To drink, to have a drink.

Faire la bringue.

Aller boire.

To have a booze-up, drink a lot.

C'est de la flotte.
C'est de l'eau.
It's water.

Arroser un événement.
Boire à l'occasion d'une fête, d'un anniversaire...
To drink to celebrate a birthday, a promotion or some other event.

Ça s'arrose!
Voilà une bonne occasion de boire!
That calls for a drink, I'll drink to that!

A la vôtre! à la tienne! tchin tchin!
Expressions utilisées pour inviter quelqu'un à boire.
Cheers!

Cul sec!
Il faut vider son verre d'un coup.
Bottoms up! (*Un cul sec* = a dry arse).

C'est un petit vin de derrière les fagots.
C'est un excellent vin.
This is an excellent wine. (*Un fagot* = a bundle of firewood).

Vous m'en direz des nouvelles!
Vous allez l'aimer!
I think you'll like it!

Du pinard.
Du vin.
Wine, plonk (ordinary wine).

Du gros rouge.
Du vin rouge de qualité moyenne.
Red plonk, cheap red wine.

Quelle piquette! quelle vinasse! quelle bibine!
Quel mauvais vin!
What a plonk, what a cheap/bad wine!

Un litron.
Une bouteille de vin.
A litre, a bottle of wine.

Un canon.

Un verre de vin. – Allons boire un canon!

A glass of wine.

Un remontant.

Un alcool fort que l'on boit pour se remettre de ses émotions, d'un refroidissement...

A pick-me-up, a tonic, a drink that cheers somebody up.

Un tord-boyaux.

Un alcool très fort.

A rotgut, a very strong alcohol. (*Tordre les boyaux* = to twist/wring the guts).

Il a descendu le remontant en cinq sec.

Il a avalé le verre d'alcool très rapidement.

He downed the pick-up in no time. (*En cinq sec* = very quickly).

Un verre de gnôle.

Un verre d'alcool. (Prononcer: "niôle").

A drop of the hard stuff, a glass of hooch/spirits, a glass of alcohol.

Ce vin monte à la tête, il est traître!

Il est fort!

That wine goes to my head, it's treacherous!

C'est du jus de chaussettes.

C'est un mauvais café.

It tastes like dishwater, it's a very weak coffee. Literally, this is sock juice.

C'est du pipi de chat.

C'est une boisson fade.

It's gnat's piss, it's tasteless. Literally, this is cat piss.

Je prendrais bien une goutte/une larme/un soupçon (de cognac).

Je boirais volontiers un tout petit peu (de cognac).

I'd like to have a drop, a dash (of cognac). These expressions indicate a little quantity.

(Il y a du vin) à gogo.
(il y en a) tant qu'on veut.
There's wine galore, there's as much wine as you want.

Baptiser son vin.
Y ajouter de l'eau.
To add water to one's wine. (*Baptiser* = to baptize).

Les cadavres.
Les bouteilles vides.
Dead, empty bottles. Literally, corpses.

C'est pas de la petite bière.
C'est important.
It's something quite important, it's quite something. Literally, it isn't small beer.

Elle a bu la tasse.
Elle a bu de l'eau de mer (ou de la piscine), elle s'est noyée.
She swallowed a mouthfull of water while swimming, she drowned. (*La tasse* = the cup).

C'est un peu fort de café!
C'est difficile à admettre, à supporter.
It's a bit steep! It's difficult to accept/admit. (*Le café* = coffee).

Compte dessus et bois de l'eau claire/fraîche!
Ne crois pas que tu vas obtenir quoi que ce soit, ne te fais pas d'illusions!
That'll be the day, you must be joking! Don't believe you'll get what you want. (*De l'eau claire/fraîche* = clear/cold water).

Il a mis de l'eau dans son vin.
Il a fait des concessions, il s'est montré moins intransigeant.
He mellowed, he climbed down, he backed off, he made concessions, he's more conciliatory. Literally, he put water in his wine.

Il faut toujours garder une poire pour la soif.
Il faut garder une réserve (aliments, argent...) en cas de nécessité.
We must always keep/save something for a rainy day.

8. **Le fond du tonneau**. The bottom of the barrel

Il/elle boit!

Expression utilisée pour une personne qui a un penchant prononcé pour l'alcool.

He/she drinks! This expression is used for someone who indulges in alcohol only.

Il/elle carbure au rouge.

Il/elle ne boit que du vin rouge.

He/she runs on red wine, he/she drinks nothing else.

Picoler, se saouler/soûler, se saouler la gueule, se payer une bonne cuite.

Boire beaucoup (trop) d'alcool.

To booze, to get drunk, to get plastered, to drink too much.

Il boit comme une éponge/comme un trou! qu'est-ce qu'il descend!

Il boit beaucoup!

He drinks like a fish, he downs his drink real fast! (*Une éponge* = a sponge; *un trou* = a hole).

Il cuve son vin.

Il s'est endormi après avoir beaucoup bu.

He sleeps off the booze, he sleeps it off, he fell asleep because he drank too much.

Un boit-sans-soif, une éponge, un ivrogne, un picoleur, un poivrot, un soûlard, un soiffard.

Une personne qui abuse de l'alcool.

A boozer, an alkie, a drunkard, a drunk, a wino.

Il est un peu gai, il a un verre dans le nez, il est gris.

Il est légèrement ivre.

He's merry, he's tipsy, he has had one too many, he's slightly drunk.

Je suis pompette.

Je suis presque soûl.

I'm tipsy, I'm drunk.

Il est paf, il est rond, il est rond comme une balle/une bille/un petit pois/une patate, il est brindezingue, il est plein/noir, il est bourré/beurré, il est soûl comme un Polonais/comme toute la Pologne, il est schlass, il est ivre-mort!

Il est complètement saoul.

He's drunk, plastered, sloshed, dead/blind drunk! These expressions indicate an increasing state of intoxication (*une balle* = a ball; *une bille* = a marble; *un petit pois* = a pea; *beurré* = buttered).

Il a pris une biture!

Il s'est soûlé.

He's plastered, he's drunk! (*Une biture* = a booze-up, a bender).

C'est de la philosophie du cep de vigne.

Ce sont les propos prétendument sérieux que l'on tient quand on a quelque peu abusé de la bouteille.

This is vine stock philosophy. This expression concerns supposedly serious comments made by someone who has had too many a drink.

Il est dans le brouillard.

Il est dans les brumes de l'alcool, son esprit n'est pas clair.

He's somewhat in the dark, he's not with it, he lost his way in the mists of alcohol.

Il est dans les vapes.

Il est inconscient. (Les vapes = les vapeurs d'alcool).

He's unconscious, he's in a complete daze. (*Les vapes* = alcohol vapours).

Il/elle a bu!

On voit, on sent qu'il/elle a abusé de l'alcool.

He/she's drunk!

Il a du vent dans les voiles.

Il est ivre, il a une démarche indécise.

He's three sheets to the wind, he's tipsy, he walks like a drunkard. Literally, he has wind in his sails.

Il a roulé sous la table.

Il a trop bu.

He ended up (dead drunk) under the table. (*Rouler* = to roll).

J'ai la gueule de bois.

J'ai mal à la tête et la bouche sèche après avoir trop bu.

I have a hangover. Literally, I have a wooden head.

V – Les nuages s'amoncellent
Clouds are building up

1. L'expression du refus. – Expressing refusal

Merci, sans façons.
Non merci.
No thank you, really.

Des clous! tintin!
Tu peux toujours attendre, tu n'obtiendras rien, non, pas question, jamais de la vie!
No way!

Et quoi encore?
Certainement pas, tu exagères!
What next, whatever next? This expression indicates a refusal.

Et ta sœur?
Je ne te crois pas! pas question! je refuse de faire ce que tu me demandes, mêle-toi de ce qui te regarde! – A cela on répond traditionnellement: "Elle bat le beurre!"
Piss off, go to hell, mind your own business! This expression is used when you don't believe someone, when you don't agree to their requests or when somebody wants to meddle. This question is generally answered with *"Elle bat le beurre!"* = she churns the butter! which means. "This is none of your business!" (*Ta soeur* = your sister).

Non mais, tu ne m'as pas regardé(e)?
Ça ne va pas, non?
Are you mad? You must be joking! No, really! What do you take me for, who do you think I am?

Tu peux toujours courir!
Tu n'auras rien! (Courir = attendre).
You can go whistle for it! No way! (*Courir* (= to run) = to wait).

Je ne le ferais pas pour un empire, je ne le ferais pour rien au monde, je ne le ferais pas pour toute la fortune du monde/pour tout l'or du monde.

Je ne le ferai jamais, je préfère mourir.

I wouldn't do it for the world, for all the money in the world, for all the tea in China, I'll never do it.

Pas le moins du monde.

Pas du tout. – Je ne suis pas pressé le moins du monde = j'ai tout le temps.

Not in the least, not in the slightest, not at all.

Très peu pour moi!

Je n'en veux vraiment pas, je n'en ai vraiment pas envie!

Not likely, no thanks, I'm not interested!

Il ne met jamais les pieds (au bureau).

Il n'y va jamais.

He never sets foot (at the office).

(Je n'accepterai) à aucun prix!

Jamais.

(I will not accept) at any price! Never!

J'ai dit niet, j'ai refusé sec.

J'ai refusé sans équivoque, catégoriquement. (Niet = "non" en russe; prononcer: "nièt").

I refused, I turned it down unequivocally.

2. **Bof**! Bah!

Je m'en moque/fiche comme de l'an quarante/comme de ma première chemise! ça m'est égal/équilatéral.

Je n'en tiens pas du tout compte, ça ne me préoccupe pas.

I don't give a damn, I don't give a hoot/two hoots, I don't care!

Qu'est-ce que ça peut me foutre? Qu'est-ce que tu veux/vous voulez que ça me foute?

Ça ne m'intéresse pas du tout.

Why should I give a shit about it? What the hell has it got to do with me?

Je m'en balance/branle /fous/tamponne/tape, je m'en contrefiche/contrefous, c'est le cadet de mes soucis, ça ne me fait ni chaud ni froid, je m'en bats l'œil/la queue.

Ça ne m'intéresse pas, ça ne me concerne pas!

I don't give a damn, I couldn't care less, that's the least of my worries, it doesn't matter one way or the other to me.

(J'en ai) rien à branler!

Je n'en ai rien à faire, ça ne m'intéresse pas.

I don't give a fuck, I couldn't care less. (*Branler* = to shake, to wank, to masturbate).

Ça me laisse froid, je suis resté(e) de bronze.

J'y suis insensible.

It leaves me cold/unmoved, I show no reaction, I'm unconcerned.

(Cette nouvelle) me laisse de marbre.

Je n'y accorde aucune attention, ça me laisse indifférent.

This news leaves me totally impassive/insensitive, I remain indifferent. (*Le marbre* = marble).

Cette expo ne casse rien.

Cette exposition n'est pas fameuse.

This exhibition is nothing to write home about, it's no big deal, it's unremarkable. (*Casser* = to break).

Cause toujours!

Tu peux toujours parler, ça ne m'intéresse pas.

Yeah, yeah, I'll do what I like anyway! (*Causer* = to talk).

Fais-le si ça te chante.

Fais-le si tu veux mais moi, je m'en moque.

Do it if you feel like/fancy it, I don't care. (*Chanter* = to sing).

Laisse pisser le mérinos!

Laisse faire, ça passera. – Le sens de cette expression est "laisse courir le mouton".

Let things take their course, don't interfere! (*Un mérinos* = a merino sheep).

Ça ne vaut pas le coup.

Ça ne vaut pas la peine, il ne faut pas le faire.

It's not worth it.

C'est de la crotte de bique.

Ça n'a aucune importance.

It's rubbish, it doesn't matter. Literally, it's nanny goat's dropping.

A bon entendeur, salut!

Maintenant que vous le savez, débrouillez-vous! je ne le répèterai pas, faites attention!

You've been warned!

A la bonne heure!

Comme tu voudras, c'est très bien.

Well done! As you wish.

Ça me fait une belle jambe!

Ça ne me sert à rien, je m'en fiche.

A fat lot of good that does me! I don't care!

Je m'en lave les mains.

Je m'en moque, je ne suis pas responsable, ça ne me concerne pas. (Référence à la parole de Ponce Pilate).

I'm washing my hands of it, I don't mind.

(Si je ne suis pas invité(e),) je n'en ferai pas une maladie.

Je m'en moque, ce n'est pas grave.

I don't care (if I'm not invited).

J'ai d'autres chats à fouetter!

J'ai d'autres choses plus importantes à faire, ça ne m'intéresse pas.

I have other fish to fry, I have more important things to care about. Literally, I have other cats to whip.

Son invitation, il peut se la mettre où je pense!

Je m'en moque. (En général, 'où' désigne le cul).

I don't care about his invitation. In general, 'où' (= where) refers to the arse.

(Sa réputation) ne pèse pas lourd.

Elle n'a que peu d'importance, elle ne compte pratiquement pas.

(His reputation) doesn't carry much weight, it doesn't count much.

C'est comme si on pissait dans un violon.

Ça ne sert à rien, c'est inutile.

It's just pissing into the wind, it's a waste of time. Literally, it's just like if we peed in a violin.

Sa remarque tombe à plat.

Elle n'intéresse personne, elle dérange tout le monde.

His/her remark fell flat, nobody appreciated it.

C'est pas mon rayon! Ce ne sont pas mes oignons!

Ce ne sont pas mes affaires, ça ne me concerne pas.

That's not my concern/my line, it's none of my business! (*Les oignons* = onions).

Il ne faut pas le prendre au sérieux.

Il ne faut pas en tenir compte. ('Le' peut être quelqu'un ou quelque chose).

We must not take him/it seriously. *'Le'* can be someone or something.

C'est tarte à la crème.

Ce n'est pas excitant, c'est si commun qu'on n'y accorde plus d'importance.

It's stereotype, it's nothing original, nothing new. (*Une tarte à la crème* = a custard pie).

C'est une tempête dans un verre d'eau.

C'est beaucoup d'agitation pour rien.

It's a storm in a teacup, it's much ado/a lot of fuss about nothing, it's much trouble for nothing. Literally, it's a storm in a glass of water.

3. L'art de prendre la porte. The art of going away

J' me taille, j' me tire, j' me barre, j' me casse, j' lève l'ancre, j' mets les voiles, j' mets les bouts, j' lève le camp, j' prends congé.

Je pars.

I'm going, I'm leaving, I clear off, I'm off, I split, I take my leave.

Il/elle joue la fille de l'air.

Il/elle a disparu.

He/she vanished into thin air, he/she disappeared.

J'ai envie de changer d'air.

Je veux partir, je voudrais aller en vacances.

I need a change of scene, I want to go away.

Ils sont partis avec armes et bagages.

Ils sont partis avec tout le nécessaire, bien équipés.

They upped sticks and left, they left with all their belongings.

Plier bagage, faire sa valise, s'éclipser.

Partir.

To pack one's things and go, to clear off, to slip out/away, to leave.

Il est sorti en douce.

Il est sorti sans se faire voir.

He left on the quiet, sneakily, unnoticed.

(Il est sorti de prison) au nez et à la barbe des gardiens.

Devant eux, sans se cacher.

(He slipped out of jail) right under the wardens' nose.

Je rentre au bercail.

Je rentre chez moi. (Le bercail = la bergerie).

I'm going home. (*Un bercail* = a sheep barn).

Elle m'a fait faux bond.

Elle m'a abandonné(e), elle n'est pas venue.

She let me down, she didn't come and left me alone.

Il reprend ses billes.

Il se retire d'une affaire.

He pulls out, he withdraws from a deal. Literally, he takes back his marbles.

Elle a pris la clé des champs.

Elle est partie sans prévenir.

She escaped, she got away. (*La clé des champs* = freedom).

Il a pris la poudre d'escampette.

Il a eu peur et il est parti à toute vitesse.

He scarpered, he skedaddled, he was afraid and he disappeared.

Elle a mis la clé sous le paillasson.

Elle est partie, elle a déménagé.

She moved house. Literally, she put the key under the doormat.

La bonniche a rendu son tablier.

La servante a démissionné et est partie.

The housemaid gave in her notice and left. (*Le tablier* = the apron).

Il m'a faussé compagnie.

Il est parti sans prévenir, il s'est échappé.

He gave me the slip, he left unnoticed, he escaped.

Il a pris ses jambes à son cou, il a filé comme un lapin, il a décampé.

Il s'est enfui très vite.

He took to his heels, he ran away as fast as his legs could carry him, he dashed off, he ran away.

Elle s'est défilée, elle a pris la tangente.

Elle est partie pour ne pas devoir faire quelque chose.

She slipped away, she made herself scarce.

Il s'est déguisé en courant d'air, il est sorti ni vu ni connu.

Il est parti discrètement.

He left unnoticed, he left no-one will know. (*Un courant d'air* = a draught).

Trop tard, l'oiseau s'est envolé!

Il s'est échappé.

Too late, he has already left! Literally, too late, the bird flew off!

Il a filé entre mes doigts/mes pattes!

Il m'a échappé, je n'ai pas pu le retenir - en parlant de quelqu'un ou de l'argent. (Les pattes = les mains).

He/it slipped through my fingers. This expression concerns someone or especially money. (*Les pattes* = hands).

J'ai filé sans demander mon reste.

Je me suis enfui(e) sans attendre.

I left without further ado, immediately.

(Le prisonnier) s'est fait la malle/a pris le large.

Il s'est évadé, il s'est sauvé.

(The prisoner) cleared off, he left. (*Se faire la malle* = to pack one's bags; *prendre le large* = to sail away).

Elle est partie sur la pointe des pieds.

Elle est partie discrètement, silencieusement.

She tiptoed out/away, she left discreetly, silently.

Il a brûlé la politesse.

Il est parti sans dire au revoir.

He pushed in ahead, he left abruptly, he left without saying goodbye.

Il est entré par la grande porte mais il a dû ressortir par la petite.

Il est entré avec une bonne réputation mais il a dû partir en secret (à cause d'un scandale, d'une faute..).

He started at the top but he had to leave at the bottom (because of a scandal, because he made a serious mistake...).

Elle a volé à la porte, elle a pris la porte, elle a été foutue à la porte, elle s'est fait vider/virer.

Elle a été chassée.

She was kicked out, fired, sacked, she had to leave (her job).

Ils sont partis sans tambour ni trompette.
Honteusement et silencieusement.
They left without making a song and dance, humbly. (*Un tambour* = a drum).

Salut la compagnie!
Au revoir.
Bye-bye, goodbye!

4. Stop! – Stop!

Doucement les basses!
Faites moins de bruit!
Shh! You're making too much noise!

Vas-y mollo!
Vas-y doucement!
Take it easy!

Mettre un bémol.
Être moins agressif, réduire l'intensité de son action, y aller moins fort.
To put a damper on something, to pipe down, to be less aggressive.

Arrête tes conneries, arrête de déconner!
Cesse ce que tu fais, cesse de dire des bêtises!
Stop doing stupid things, stop talking trash/nonsense, stop this bullshit! (*Une connerie* = a stupidity; *déconner* = to say/do something stupid).

Je lui ai cloué le bec.
Je l'ai fait taire.
I shut him/her up.

Je l'ai remise à sa place.
Je l'ai rendue moins fière, plus humble.
I put him/her in their place (now, he/she respects me).

Piétiner les plates-bandes de quelqu'un.
Intervenir dans ses affaires.
To encroach on somebody's territory, to meddle in someone else's business. Literally, to trample someone's flower bed underfoot.

Tu lances le bouchon un peu trop loin!
Tu exagères!
You push it a bit, you exaggerate, you go too far! (*Lancer le bouchon* = to throw the cork).

C'est toujours la même chanson/la même rengaine/le même refrain.
C'est toujours la même chose, la même histoire.
It's always the same old story/song.

Je connais la chanson.
Je sais, inutile d'insister!
I've heard it all before, I know.

Arrête ton char!
Ça suffit!
Come off it! That's enough, stop it! (*Le char* = bluff).

Cherche pas à comprendre!
N'essaye pas de comprendre! c'est comme ça!
Don't try to understand, that's that!

J'en ai ma claque!
J'en ai assez!
I'm fed up (to the back teeth)!

Arrête de jouer la comédie!
Cesse de faire semblant, de prétendre!
Enough of your nonsense, stop pretending!

Fais pas le con/l'andouille/l'idiot/l'imbécile!
ne sois pas stupide!
Don't mess about, stop playing/acting the fool!

Arrête de faire le pitre/le zouave!
Ne fais pas l'imbécile, cesse de te faire remarquer!
Stop clowning around, stop playing the fool!

Ne fais pas le malin, n'essaye pas de jouer au plus fin avec (moi)!
Ne prétends pas être (plus) intelligent (que moi)!)
Don't show off, don't play the wise guy, don't think you can try to outsmart (me)!

Ça ne prend pas avec moi!
Arrête! je ne te crois pas.
Don't take me for a fool, it won't wash/work! Stop it, I don't believe you.

A d'autres! pas à moi!
Va raconter ça, va faire croire ça à d'autres gens, pas à moi!
Pull the other one! You won't deceive me.

Change de disque!
Arrête de répéter la même chose!
Give it a break! Stop repeating the same thing again and again. (*Un disque* = a record).

Ecrase, tu veux!
Arrête, tais-toi!
Shut up! (*Écraser* = to crush).

Les plus courtes sont les meilleures!
Arrête, tu me fatigues! – Version courte de l'expression: 'Les plaisanteries les plus courtes sont les meilleures'.
The shortest (jokes) are the best!

Tu joues avec le feu, tu marches sur des oeufs.
Tu prends des risques, tu joues avec le danger.
You're playing with fire, you're walking on eggs.

Faut pas charrier, arrête de charrier!
N'exagère pas, n'essaye pas de me tromper!
That's really pushing it!

Tu l'as dit, bouffi! tu parles, Charles!
Mais oui, tu as raison. Expressions ironiques.
You don't say! Yeah, yeah! These expressions are ironic.

Qu'est-ce que c'est que cette foire/ce bordel?
Qu'est-ce qui se passe? pourquoi ce désordre/ce bruit?
What's going on, what's that racket/noise? (*Une foire* = a fun fair).

C'est trop fort (de café)!
C'est exagéré, tu exagères!
You're going too far! That's a bit much/steep!

J'ai d'autres chats à fouetter.
J'ai autre chose à faire, ne me dérangez pas!
I have other fish to fry, don't bother me. Literally, I have other cats to whip.

Pas de discussion!
Inutile de discuter, d'insister!
No argument!

Ne viens pas mettre/mêler ton grain de sel dans cette histoire!
Ne te mêle pas de ça, n'interviens pas!
Don't meddle, it's none of your business!

Tu commences à me pomper l'air!
Tu commences à m'ennuyer sérieusement.
You're getting on my nerves, you're seriously annoying me!

Il me cherche des poux.
Il cherche un mauvais prétexte pour se disputer avec moi.
He's trying to find fault with me, he's looking for a pretext to start an argument/a fight with me.

Faut pas pousser! faut pas pousser grand-mère dans les orties!
Il ne faut pas exagérer.
Enough's enough! That's going a bit far! (*Pousser grand-mère dans les orties* = to push grandma in the nettles).

Tu me prends pour (un con)?
Tu crois que je suis naïf, idiot...?
Do you believe I'm stupid, do you really think I believe you?

Tu me prends pour le Père Noël?

Tu crois que je suis riche et très généreux?

Don't believe I'm generous. Literally, do you take me for Father Christmas?

Eh bien, c'est du propre!

Ce n'est pas bien, tu n'as pas honte! – Cette expression est souvent adressée à un enfant qui a fait une bêtise.

Well, that's very nice! This expression is often used toward a child who has done something stupid.

Tu n'en rates pas une!

Tu ne perds pas l'occasion de faire une bêtise!

You're always putting your foot in it, you never miss the opportunity to do/say something stupid!

Non mais, vous ne m'avez pas bien regardé(e)?

Certainement pas! ça ne va pas, non?

You must be joking! Certainly not!

Autant parler à un mur.

Je perds mon temps, ça ne sert à rien.

I might as well talk to a brick wall, there's no use.

Elle fait une scène en public.

Elle se plaint de quelqu'un devant tout le monde.

She throws a fit in public, she complains in front of everybody.

Arrête de faire le singe! arrête tes âneries!

Arrête de faire des grimaces pour amuser les autres!

Stop making faces, stop doing silly things! (*Un singe* = a monkey; *une ânerie* = a silly remark, a silly blunder).

Je ne t'ai pas sonné(e)!

Je ne t'ai pas appelé(e), ne me dérange pas, mêle-toi de ce qui te regarde!

Did I ask you? I didn't call you, I didn't ask for your comments, go away!

La moutarde me monte au nez.
Je sens que je vais me fâcher.
I'm beginning to see red, I can feel my temper starting to rise. Literally, mustard is coming up to my nose.

(Ça,) c'est l'étincelle qui met le feu aux poudres, c'est la goutte d'eau qui fait déborder le vase!
Je vais me fâcher! – Ces expressions indiquent que les limites du supportable sont franchies et qu'il va falloir en payer les conséquences.
It's what sparked off the crisis, it's the last straw. These expressions mean you cannot put up with something (criticism of your work, cruelty toward animals, for instance) and that you shall soon lose your temper. (*Mettre le feu aux poudres* = to set fire to gunpowder; *déborder* = to overflow).

5. L'invitation au voyage. – Sending someone away

Va t'cacher, va t' faire voir ailleurs/chez les Grecs, décampe! t'as le bonjour d'Alfred! va-t'en au diable! va t' faire cuire un oeuf! va voir là-bas si j'y suis! dégage! j' te r'tiens pas, débarrasse le plancher! vide les lieux! allez, du vent! la porte! file! déguerpis! disparais! barre-toi! débine-toi! taille-toi! tire-toi! fiche le camp! fous le camp! ouste!
Va-t'en!
Get lost, scram, the hell with you, clear off, get lost, beat it, out, leave, go away!

Allez vous faire pendre ailleurs!
Allez-vous-en!
You can go to hell! (*Se pendre* = to hang oneself).

Prends tes cliques et tes claques!
Prends toutes tes affaires et va-t'en!
Pack up and go!

Garde tes distances!
N'approche pas! éloigne-toi!
Keep your distance!

Que le diable t'emporte!
Va-t'en! meurs!
Go to hell!

Je l'ai envoyé paître/promener/sur les roses.
Je me suis rapidement, brusquement débarrassé(e) de lui/d'elle.
I sent him/her packing.

Il m'a envoyé balader/promener.
Il m'a renvoyé sans ménagement.
He sent me packing, he told me to go away.

Ouf! il est parti. Bon débarras!
Je suis bien content(e) de son départ.
Phew! He's gone. Good riddance!

6. Espèce de ...! – You fool!

Espèce de (chien, con, andouille...)!
Tu es pareil à (un chien, un con, une andouille...).
You (bastard, arsehole, idiot...)! (*Une espèce de* = a sort of, a kind of).

Les journaux l'ont traîné(e) dans la boue.
Ils l'ont insulté(e).
The newspapers dragged his/her name through the mud.

Bande de cons! bande d'enfoirés!
Imbéciles!
You bloody idiots, you bloody bastards! (*Une bande de* = a pack/bunch of).

Salaud/salope, saligaud, chameau!
Une personne méchante, incorrecte...
You bastard, swine! (for men); you slut, slag! (for women) (Offensive)

M'as-tu-vu! enflure!
Vaniteux! gros cou!
You jerk! (Offensive)

Fils de pute! enfant de salope!
Injures particulièrement grossières.
You son of a bitch! (Offensive)

Parasite!
Une personne qui vit aux dépens des autres.
You scrounger! (Mildly offensive)

Espèce de larve!
Tu ne fais rien de toute la journée!
You wimp, worm! (*Une larve* = a larva).

Tête de mule!
Entêté(e)! Injure assez bénigne que l'on adresse souvent aux enfants têtus.
You're pig-headed, you're so stubborn! This expression is often directed at children.

Il/elle m'a traité(e) de tous les noms! il m'a engueulé(e) comme du poisson pourri!
Il/elle m'a injurié(e).
He/she called me all the names under the sun! He screamed at me! (*Comme du poisson pourri* = as (if I were) rotten fish).

(Quelle) peau d'vache!
(Quelle personne) méchante, incorrecte!
What a bastard/bitch! (*Une peau de vache* = cow's skin).

Pignouf!
Une personne sans éducation.
You slob, lout, oaf! This expression indicates an uneducated or impolite person. (Offensive)

Gueule de raie!
Une personne particulièrement laide.
You fish face! This expression points to somebody who is particularly ugly. (Offensive) (*Une raie* = a skate (a fish)).

Les vieux/les profs..., au rancart!
Il faut se débarrasser des vieux/des profs...!
Let's chuck (old people, teachers...) out, let's bin them, let's throw them away, let's get rid of them!

Le singe imite son maître!
Cette expression est utilisée lorsque l'on est las de voir quelqu'un qui imite nos faits et gestes.
Copycat! This expression is used when you are tired of someone who imitates you. Literally, the monkey imitates its master.

Va te faire refaire le portrait!
Tu es moche!
You're ugly! Literally, let someone redo your face.

Si mon cul ressemblait à ta face, je m' ferais opérer!
Tu es horrible!
You're so ugly! Literally, if my arse looked like your face, I would have surgery. (Offensive)

7. **Menaces**. – Threats

Tu ne perds rien pour attendre! je t'attends au tournant! je vais lui montrer de quel bois je me chauffe! on va voir ce qu'on va voir! il va y avoir de la casse!
Je vais me fâcher, je vais passer à l'attaque.
Just you wait and see! I'm waiting for a chance to catch you (with your pants down)! You just wait and see what I can do when pushed/provoked! There's going to be a bit of punch up! I'm going to lose my temper!

Tu me cherches?
Tu cherches des ennuis?
Do you want to argue/quarrel/fight with me?

Si tu me cherches, tu vas me trouver!
Attention, je vais me fâcher!
If you're looking for trouble, you'll get it!

Fais gaffe! prends garde!
Fais attention, méfie-toi!
Watch out, be careful!

Je vais lui sonner les cloches, je vais lui frotter la tête, je vais lui passer un savon.

Je vais le/la réprimander vertement, le/la frapper.

I'll give him/her a telling-off, a good dressing-down. (*Sonner les cloches* = to ring the bells; *passer un savon (à quelqu'un)* = to give (somebody) a rollicking, literally, a soap).

Je vais lui flanquer la colique.

Je vais lui faire très peur. (*Flanquer* = *donner*).

I'll give him/her the collywobbles, the heebie-jeebies, the willies, I'll frighten him/her. (*La colique* = diarrhoea).

Je vais te chatouiller les côtes.

Je vais te battre.

I'm going to give you a good trashing/hiding, I'm going to beat you. Literally, I'm going to tickle your ribs.

Je vais lui secouer les puces.

Je vais l'enguirlander, le/la battre.

I'm going to give him/her a good ticking off, I'm going to tell them off. Literally, I'm going to shake his/her fleas.

Ça va te coûter cher!

Tu vas le regretter.

You'll have to pay for this! (*Coûter cher* = to be expensive).

Je vais te faire passer l'envie de recommencer!

Je vais te punir de sorte que tu ne recommenceras plus jamais.

I'll make you never want to do that again!

Je vais lui dire deux mots à celui-là!

Je vais lui faire un reproche.

I'm going to blame/criticize him/her. (*Deux mots* = two words).

J'ai deux mots à te dire!

Je vais te blâmer.

I've got a bone to pick with you!

Je vais te rafraîchir la mémoire.

Je vais te remettre quelque chose en mémoire.

I'm going to refreh your memory.

Je vais lui dire ses quatre vérités!

Je vais lui dire ce que je pense vraiment de lui/de ce qu'il dit ou fait.

I'm going to give him/her a piece of my mind! I'll tell them frankly what I think.

Tu ne l'emporteras pas au paradis!

Tu n'en profiteras pas longtemps, ça te causera bientôt beaucoup d'ennuis.

You'll live to regret it!

Toi, tiens ta langue, sinon...!

Retiens-toi de parler!

Hold your tongue or else...! Don't say a word or else...!

Je vais te faire rentrer tes paroles dans la gorge!

Tu vas regretter d'avoir dit ça!

I'll make you eat your words! You'll regret what you just said! (*La gorge* = the throat).

Je vais te casser la figure/la gueule! je vais t'abîmer le portrait! tu vas regretter d'être né(e)!

Je vais te battre et apporter un certain changement à ton apparence...

I'm going to smash up your face! You'll be sorry to be born!

Tu veux mon poing sur la gueule?

Je vais te frapper si tu continues!

(If you go on,) I'll punch you in the face. (*Le poing* = the fist).

Ça va barder/chauffer/chier/saigner/mal tourner!

Il va y avoir de la bagarre.

Sparks will fly, there'll be hell/devil to pay, there'll be big trouble!

Mettre quelqu'un/quelque chose en bouillie.

L'écraser, la détruire.

To reduce/beat somebody/something to a pulp.

Tu vas le sentir passer!

Tu vas souffrir!

You're going to get it in the neck, it's going to hurt!

Retenez-moi ou je fais un malheur!
Empêchez-moi de frapper, de tuer la personne qui m'a offensé(e)! C'est ce que l'on dit aux témoins de la scène de l'offense.
Hold me down or I'll go berserk, hold me back or I'll do something desperate (to someone who offended me)!

Pas de quartier!
Pas de pitié!
No mercy!

Tu vas recevoir une raclée.
Je vais te corriger avec des gifles.
You'll get a good hiding.

Tu ne l'as pas volée!
Tu as mérité cette correction, cette punition, cette gifle. C'est bien fait pour toi!
It serves you right, you asked for it!

Je passe l'éponge, n'en parlons plus.
Je te/lui pardonne.
I'll forget all about it, I forgive him/her. (*L'éponge* = the sponge; passer *l'éponge* = to erase).

8. Dans le feu de l'action. – In the heat of the action

Ils se bouffent le nez.
Ils se battent.
They are at each other's throats. Literally, they eat each other's nose.

Il lui allonge/envoie/fiche/flanque/fout une baffe/une beigne/un gnon/une châtaigne/un marron/une pêche/une raclée/une taloche/une torgnole/une trempe/une tripotée.
Il lui donne un coup.
He throws a punch at him/her, he gives them a clip around the ear, a clout, a whack, a good walloping, a good beating, he socks them, he lands them one.

Il aime la castagne.

Il aime se battre. (Une castagne (= une châtaigne) = un coup).

He likes a good scrap, a good fight. (*Une castagne* (= a chestnut) = a blow).

Elle lui vole dans les plumes.

Elle se précipite sur lui pour le frapper.

She flew at him, she hurled herself to beat him. Literally, she flies in his feathers.

Je lui a flanqué une fessée.

Je l'ai frappé(e) sur les fesses avec les mains.

I spanked him/her, I gave them a spank.

Je vais te botter les fesses!

Je vais te frapper les fesses avec le pied.

I'll kick you in the arse/pants, I'll boot you up the backside!

Il l'a tabassé, elle lui a tapé dessus, il lui a cassé la figure, elle lui a cassé la gueule, il lui a abîmé le portrait, elle lui a fait un grosse tête, il l'a envoyé valser.

Ils se sont battus.

He got a beating, she slugged him in the mouth, she gave him a thick ear, he sent her flying.

Ils s'étripent.

Ils se battent et il y a du sang qui coule.

They murder each other. Literally, they tear each other to pieces.

On t'a bien/salement amoché(e)!

On t'a abîmé(e)/blessé(e).

You got yourself badly bashed up! You're severely hurt.

Tu as un oeil au beurre noir.

On t'a frappé à l'œil.

You have a black eye. Literally, you have a black-buttered eye.

9. **Corde et guillotine**. – Rope and guillotine

Je vais te faire/te trouer la peau, je vais te tordre le cou, je vais te buter/te zigouiller/te finir, je vais te régler ton compte!
Je vais te tuer!
I'm going to kill/shoot you, I'm going to wring your neck, to bump you off!

Faire un carton.
Tirer sur quelqu'un. (*Le carton = la cible*).
To shoot at someone. (*Un carton* = a target).

Il faudrait secouer le cocotier!
Il faudrait se débarrasser des gens âgés, des personnes non-productives. – C'est une ancienne coutume polynésienne: on fait monter les vieilles personnes dans un cocotier que l'on secoue ensuite. Les personnes trop faibles tombent et se tuent.
You should get rid of the deadwood! Dead wood represents unproductive/old persons. (*Secouer le cocotier* = to shake the coconut palm). This is an old Polynesian custom: after old persons have climbed up a coconut tree, the tree is violently shaken and the weak come crashing down.

Passer quelqu'un à tabac.
Le battre férocement jusqu'à le rendre inconscient.
To beat somebody up.

Celui-là, son compte est bon, il va déguster.
Il va être durement puni, on va le tuer.
This guy's done for, he'll go through hell, he's going to suffer, we'll kill him.

(Je vais te faire) mourir à petit feu!
Mourir lentement et avec beaucoup de souffrances.
(I'll) make (you) die a slow death! (I'll) kill (you) slowly! (*Le feu* = fire).

Il lui a fait le coup du Père François.
Il l'a attaqué lâchement, par derrière.
He hit him/her over the head.

Fais ta prière!
Prépare-toi à mourir!
Say your prayers! Prepare yourself to die!

Ta dernière heure est arrivée!
Tu vas mourir!
Your time has come! (*La dernière heure* = the last hour).

Crève, charogne!
Meurs donc!
Die now, bastard! (*Une charogne* = a rotting carcass/corpse).

Il lui a serré le kiki.
Il l'a étranglé(e). (Le kiki = la gorge).
He strangled him/her. (*Le kiki* = the throat).

10. "Regrets éternels". – "Greatly missed".

C'est son chant du cygne.
Ce sont les dernières manifestations de son talent, de sa vie.
This is his/her swan-song, their career is nearly over, he/she's going to die.

Il est à l'article de la mort, il est à deux doigts de la mort, il est à la dernière extrémité.
Il est presque mort.
He's at death's door, he's close to death, nearly dead.

Elle a (déjà) un pied dans la tombe.
Elle est très vieille, très malade; elle va mourir.
She has (already) one foot in the grave.

Il sent le sapin.
Il va mourir. (Le sapin = le cercueil).
He's going to die. (*Le sapin* (= fir tree) = the coffin).

Il a avalé son acte de naissance, elle a passé l'arme à gauche, il a les bras en croix, elle n'a pas tenu le coup, il a cassé sa pipe, elle est crevée, il a clamecé, elle a claqué.
Il est mort, elle est morte.
He/she kicked the bucket, he/she died. (*Avaler son acte de naissance* = to swallow one's birth certificate; *passer l'arme à gauche* = to put the gun to the other side (to the left); *les bras en croix* = arms crossed; *casser sa pipe* = to break one's pipe).

Il n'est plus, elle nous a été enlevée, il a été rappelé devant Dieu, elle est décédée, il a disparu, elle nous a quitté, il a trépassé, elle a rendu l'âme, il a rendu le dernier soupir, elle s'est éteinte, il a été emporté par (un cancer...).
Il est mort, elle est morte. – Ces expressions sont révérencieuses.
He/she died. These expressions are very respectful. (*Enlever* = to take away; *Dieu* = God; *décédé* = deceased; *trépasser/rendre l'âme* = to pass away; *rendre le dernier soupir* = to breathe one's last (sigh)).

Elle dort six pieds sous terre, elle mange les pissenlits par la racine.
Elle est morte et enterrée.
She's six feet under. (*Manger les pissenlits par la racine* = to eat dandelions from the root on).

Il est mort de sa belle mort.
Il est mort de vieillesse.
He died peacefully in old age.

Elle a son compte.
Elle a été suffisamment punie, elle est morte.
She's done for, she's dead.

Il a mis la ville à feu et à sang.
Il l'a détruite et en a massacré les habitants.
He put the city to fire and the sword, he destroyed it and had all inhabitants slaughtered.

Il s'est fait sauter le caisson, elle s'est brûlé la cervelle.
Il/elle s'est tiré un coup de feu dans la tête.
He/she blew their brain out.

Il est mort comme un chien.
Il est mort misérablement.
He died like a dog, miserably.

On lui a réservé un enterrement de première classe.
On a fait son éloge puis on l'a aussitôt oublié(e).
He/she was quickly forgotten after the funeral.

J'ai cru que ma dernière heure était arrivée!
J'ai cru que j'allais mourir.
I thought my time had come! (*Ma dernière heure* = my last hour).

VI – Question de proportions...

A matter of proportions...

1. Tu vas parler? – Spit it out!

Tailler une bavette.

Bavarder.

To have a chinwag, a good chat with someone. Literally, to cut a bib.

Il n'a pas desserré les dents!

Il n'a pas dit un mot.

He didn't utter a word, he never once opened his mouth!

Vide ton sac! accouche! déballe!

Parle, ça te fera du bien, dis ce que tu sais!

Get it off your chest, spit it out, pour out! Tell us what you know. (*Accoucher* = to give birth).

Tu vas cracher le morceau, oui?

Tu vas parler/avouer?

Will you spill the beans? Will you finally confess? (*Cracher le morceau* = to spit out the bit).

Il s'est mis à table.

Il a avoué (son crime), il a dénoncé ses complices.

He spilled the beans, he confessed, he gave the names of his accomplices.

Elle allonge la sauce.

Elle rajoute des détails inutiles.

She pads/spins things out, she adds pointless details.

2. Je ne sais pas - j' sais pas - chai pas! I don't know

Je ne le connais ni d'Eve ni d'Adam.

Je ne le connais pas du tout.

I don't know him from Adam, I don't know who he is.

Il est inconnu au bataillon.
Personne ne le connaît.
I never heard of him, nobody knows him.

Je ne suis pas au courant.
Je ne sais pas, on ne m'a pas informé(e).
I don't know, nobody told me.

Je ne suis pas dans le coup.
Je ne sais rien, je n'ai rien fait (de mal).
I don't know what's going on.

(Où il est allé?) Mystère et boule de gomme!
Je l'ignore ou je le sais mais je ne le dirai pas.
(Where he has gone?) I haven't got a clue! I have no idea.

Quel charabia!
Je n'entends rien à ce langage incompréhensible!
What gobbledygook! I don't understand a thing.

J' pige que dalle, je n'y entends goutte, j' suis paumé(e), j'y perds mon latin!
Je ne comprends rien!
I don't understand a damn thing, I'm lost, I can't make head or tail of it, I'm totally confused, I'm baffled!

Tu n'y es pas du tout!
Tu ne comprends rien!
You understand nothing at all!

J' m'en sors plus!
Je ne comprends plus rien, je suis complètement perdu(e)!
I can't manage, I don't understand anymore, I'm lost!

J'ai perdu le fil (de ses explications).
J'ai oublié, je ne sais plus ce qu'il est en train (d'expliquer).
I lost the thread (of his explanations).

Je ne sais plus sur quel pied danser.
J'hésite.
I'm at a loss to know what to do, I don't know what to do.

3. Un peu... beaucoup... parfaitement. – A bit... a lot... perfectly

T'auras que dalle!

Tu n'auras rien du tout, tu n'auras pas un sou!

You'll get nothing at all!

C'est un coup d'épée dans l'eau.

Ça ne sert à rien.

It's a complete waste of effort. Literally, it's the blow of a sword that hits water.

Ça va durer une heure à tout casser.

Ça durera une heure au plus.

It'll take an hour at the very most. (*Casser* = to break).

Et moi, je compte pour du beurre!

Je ne compte pas, je n'ai pas d'importance!

And me, do I count for nothing? (*Du beurre* = butter).

Tu ne l'emporteras pas au paradis!

Ça ne te rapportera rien, tu n'en tireras aucun profit.

You'll live to regret it, you won't get away with that!

Ça ne vaut pas un pet de lapin!

Ça ne vaut rien.

It's not worth a damn! Literally, it's not worth a rabbit's fart.

Rasibus.

Il ne reste rien. – Il s'est fait couper les cheveux rasibus.

Short. He got his hair cut very short, for instance.

Mine de rien, (j'avance).

(J'avance) sans le montrer, sans en avoir l'air. (La mine = l'apparence).

Without showing it, it may not be obvious but (I go on).

(Ce collier vaut) au bas mot (deux millions).

(Il vaut) au moins, au minimum (deux millions).

(This necklace is worth) at least (two million).

Je suis un tantinet fatigué(e).

Je suis un peu fatigué(e).

I'm a trifle, a little bit tired. (*Un tantinet* = a trifle, a tiny bit).

(Y en a) pas des masses.

Il n'y en a pas beaucoup.

(There is/are) not that much, not that many.

(Ton problème à côté,) c'est de la gnognote, ça ne pèse pas lourd.

Ça n'a pas d'importance, c'est négligeable.

(Compared with that, your problem) is dead easy, it doesn't carry very much weight.

Je vais faire un brin de toilette.

Je vais me laver un peu. En France, lorsqu'on utilise cette expression - en général le matin - cela signifie vraiment que l'on ne va se frotter que le bout du nez avec le bout des doigts (peut-être même - ô luxe! - avec un bout de savon).

I'll have a quick wash, a cat lick. (*Un brin* = a bit of).

C'est l'arbre qui cache la forêt.

Les détails cachent l'ensemble.

You can't see the wood for the trees, the whole is hidden by details.

Tu te fais rare!

Tu ne viens pas souvent.

You are not around much anymore, you come less and less frequently!

(Le talent) ne court pas les rues.

(Le talent) est rare.

(Talent) is pretty thin on the ground, it's rare.

(Le scandale) a fait boule de neige.

Il a crû, il a eu des conséquences fâcheuses.

(the scandal) snowballed, it intensified.

Couci-couça.

Plus ou moins, à peu près.

So-so.

C'est comme qui dirait (difficile à croire...).
C'est plutôt (difficile à croire...).
It's sort of, it's kind of (hard to believe...).

(Ce bateau fait 50 mètres) à vue de nez.
Il mesure environ (50 mètres).
(This ship measures) roughly, at a rough guess, approximately (50 metres). (*À vue de nez* = at nosesight).

(C'est à 30 kilomètres) à vol d'oiseau.
C'est environ à (30 kilomètres).
(It's 30 kilometers away) as the crow flies.

C'est dans ce goût-là.
C'est à peu près ça.
It's something of the sort, it's more or less like that. (*Le goût* = taste).

C'est de la même eau.
C'est presque pareil, ça vaut à peu près la même chose, ça a environ le même prix.
It's of the same ilk, it's worth the same. (*La même eau* = the same water).

Il a plusieurs cordes à son arc.
Il a de la ressource.
He has more than one string to his bow, he's resourceful.

Cette nouvelle a fait couler beaucoup d'encre.
On en a beaucoup parlé dans les journaux.
A lot of ink has been spilled over this piece of news.

Je crève de (faim...).
J'ai très (faim...).
I'm dying of (hunger...).

J'ai un faible pour (les autos/les grands blonds...)
J'aime beaucoup...
I'm partial to, I have a soft spot for (cars, redheads...).

(Il y a du whisky) à gogo.
Tant qu'on veut.
There's whisky galore, there's as much whisky as you want.

(Il y a des pommes) en veux-tu en voilà.
(Il y en a) autant que tu veux.
There are apples as much as you could wish for.

(Des touristes, il y en a) en pagaille.
(Il y en a) énormément.
There are loads of (tourists).

(Tu as raison, je me suis trompé) sur toute la ligne.
Tout à fait.
(You're right, I'm) all down the line, from start to finish, totally (wrong).

Elle ne fait pas les choses à moitié.
Elle fait les choses dans le détail, complètement.
She doesn't do things by halves.

Vas-y carrément/à fond!
N'hésite pas, vas-y tout à fait!
Go straight ahead, go for it!

(En montagne, je respire le bon air) à pleins poumons.
À fond, avec force.
(In the mountains, I inhale fresh air) deeply. (*Les poumons* = lungs).

Il a eu la part du lion, la plus belle part du gâteau.
Il a eu la plus grande part parce qu'il est le plus fort.
He took the lion's share, the best share of the cake.

J'ai dû me contenter des miettes.
Je n'ai que la plus petite part, je n'ai que les restes.
I had to make do with what little was left. (*Des miettes* = crumbs).

Il ronfle à réveiller un mort.
Il ronfle très fort.
He snores like anything, very loudly. (*Réveiller un mort* = to wake up a dead person).

À mac.
Au maximum. – J'ai gonflé le ballon à mac.
To the maximum.

(Deux spectatrices applaudissent le chanteur) à qui mieux mieux.

Elles essayent de faire mieux l'une que l'autre.

(Two members of the audience applaud the singer) each louder than the other. (*Mieux* = better).

Il tombe les filles comme des mouches.

Il a beaucoup de succès, il couche avec un grand nombre de filles.

With him, girls drop like flies, they can't resist his charm.

Elle a des amants à la pelle.

Elle collectionne les amants, elle en a en grand nombre.

She has lovers by the dozen, she has lots of lovers. (*La pelle* = the shovel).

L'autobus est plein comme un oeuf/plein à craquer.

Il est totalement rempli.

The bus is full to bursting, it is chock-a-block. (*Plein comme un oeuf* = as full as an egg).

Cet accident, il en fait tout un plat.

Il en exagère l'importance.

He makes a song and dance about this accident, he makes a big deal about it. (*Un plat* = a dish).

Il fume comme un pompier/comme une cheminée.

Il fume beaucoup.

He smokes like a chimney. (*Un pompier* = a fireman).

Ça se bouscule au portillon!

Il y a beaucoup de monde. Cette expression signifie également. il bafouille! (Le portillon est une porte dont les battants sont assez bas).

People fall over each other. This expression also means: he mumbles! (*Un* portillon = a wicket, a gate).

Je tiens à ce souvenir comme à la prunelle de mes yeux.

J'y tiens beaucoup.

This souvenir is the apple of my eye, it's extremely valuable to me. (*La prunelle* = the pupil).

C'est léger comme une plume.

C'est très léger.

It's light as a feather, it's very light.

(Si je le veux?) Un peu, mon neveu!

Certainement, absolument!

(If I want that?) Not half, and now! You bet, and how! But certainly! (*Mon neveu* = my nephew).

(S'ils parlent politique, ils vont se disputer,) c'est garanti sur facture.

C'est certain.

(If they talk about politics, they're going to have an argument,) it's certain, it's sure. (*Une facture* = a bill, an invoice).

Je m'ennuie comme un rat mort.

Je m'ennuie beaucoup.

I'm bored stiff, I'm bored to death. (*Comme un rat mort* = like a dead rat).

Elle crie à tue-tête.

Elle crie très fort.

She shouts at the top of her voice, very loudly.

C'est le coup de fusil.

Dans un restaurant, l'addition est très élevée.

The bill's a bit of a shock, they really sting you (in that restaurant), it's very expensive. Literally, it's the gun shot.

C'est archi-connu/archi-faux.

C'est très connu/complètement faux.

This is extremely well-known/totally wrong.

Il/elle m'a battu à plate couture.

J'ai été complètement vaincu(e) au jeu.

He/she beat me hollow, I've been trounced.

C'est le comble de (la stupidité...)!

C'est le plus haut degré de (la stupidité...).

It's the height of (stupidity), it's completely (stupid)!

(Tu as coupé la viande) dans les règles de l'art.
Parfaitement.
(You cut the meat) according to the rule book, perfectly well.

Elle connaît sa leçon sur le bout des doigts.
Elle la connaît dans les moindres détails, parfaitement.
She has her lesson at her fingertips, she knows her lesson off pat, by heart, perfectly.

Il a fait des étincelles.
Il a eu d'excellents résultats, il excelle.
He sparkles, he's brilliant.

Elle connaît toutes les ficelles du métier.
Elle le connaît parfaitement.
She knows the tricks of the trade. Literally, she knows all the strings of the job.

Le moteur est au poil!
Il fonctionne parfaitement.
The motor is just the ticket, it works perfectly!

(Il dirige son entreprise) de main de maître.
En expert, parfaitement.
(He runs his company) masterfully, brilliantly.

Je veux bien être pendu(e) si je n'ai pas raison! j'en mettrais ma main/ma tête à couper!
J'en suis absolument certain(e).
I'll eat my hat if I'm wrong! I'd stake my life on it! I'm absolutely sure of it! (*Être pendu* = to be hanged; *couper sa main/sa tête* = to chop one's hand/head).

4. Elémentaire, mon cher Watson! – (Sherlock Holmes)
Elementary, my dear Watson!

C'est l'ABC de quelque chose, c'est le B, A, BA de quelque chose.
C'est ce qu'il y a de plus simple dans ce domaine, ce sont les rudiments de quelque chose. L'addition et la soustraction, c'est l'ABC de l'arithmétique.
It's the basics, the fundamentals of something.

Il n'y a qu'à se baisser.
C'est facile à obtenir.
They're two a penny, it's easy to get. Literally, you only have to bend down.

C'est du billard, c'est facile comme tout, c'est simple comme bonjour, c'est du coton, c'est du gâteau, c'est de la petite bière, c'est du tout cuit, c'est un jeu d'enfant, c'est comme si c'était fait, c'est dans la poche.
C'est très facile.
It's a doddle, it's a cinch, it's dead easy, it's easy as pie, it's child's play, it's in the bag, it's very easy.

Ça va comme sur des roulettes, ça va tout seul.
Il n'y a pas de problème.
It goes smoothly, it goes like a dream, it's a piece of cake.

C'est pas la mer à boire, c'est pas sorcier.
Ce n'est pas difficile.
It's not at all difficult, it's dead easy. (*Boire la mer* = to drink the sea).

Venir à bout de quelque chose.
Réussir à résoudre quelque chose. – Ce fichu problème de maths, j'en suis venu à bout en moins d'une heure!
To overcome, to get through something.

(Elle a passé son examen) comme une fleur, les doigts dans le nez.
Très facilement.
(She passed her exam) standing on her head, very easily. (*Comme une fleur* = like a flower; *les doigts dans le nez* = fingers in the nose).

C'est bête comme chou!
C'est très facile (à comprendre, à faire).
It's really easy! (*Un chou* = a cabbage).

Elle est dans son élément.
Elle est très à l'aise, elle s'y connaît.
She's in her element, she's very familiar with something.

(Il l'a soulevé(e)) comme une plume.
Très facilement.
(He picked something up) as though it was as light as a feather, very easily.

C'est passé comme une lettre à la boîte/à la poste.
Ça s'est passé très facilement.
It went through smoothly, without a hitch. Literally, it went through like a letter in the postbox/mailbox.

(Tu crois que ça va se faire) par l'opération du Saint-Esprit?
(Tu crois que ça va se faire) tout seul?
(Do you think this is going to happen) by magic? (*Le Saint-Esprit* = the Holy Spirit, the Holy Ghost).

Y a pas à tortiller, (c'est bien lui!)
C'est évident.
There's no wriggling out of it, (it's really him!), it's obvious.

5. "Impossible n'est pas français" (Napoléon) – "Impossible is not French"

(Le tuer,) c'est vite dit...
Ce n'est pas facile, c'est plus facile à dire qu'à faire.
(Kill him,) it's easy to say, it's easier said than done.

Ça n'a l'air de rien, mais..., c'est pas de la tarte, c'est pas du tout cuit, c'est pas évident.

Ça a l'air facile mais c'est tout le contraire, c'est difficile.

It's no picnic, it's not all cut and dried, it's not so easy.

Je dois réussir coûte que coûte.

Je dois absolument réussir, quels que soient les risques.

I must succeed at all costs.

Il remue ciel et terre.

Il fait tout ce qu'il peut pour obtenir/retrouver quelque chose.

He moves heaven and earth.

Je ne te demande pas la lune.

Je ne te demande pas de faire une chose impossible.

I'm not crying for the moon, I'm not asking you do do something impossible.

Il lui promet la lune.

Il lui promet des choses impossibles.

He promises him/her the moon, impossible things.

(Attaqué par quatre hommes, elle s'est défendue) avec l'énergie du désespoir.

Avec un grand courage, alors que la situation semblait désespérée.

(Assailed by four men, she defended herself) driven on by despair, very courageously.

Elle s'emmêle les pinceaux.

Elle se trompe, elle s'embrouille.

She gets tangled up in her explanations, she's confused. (*Un pinceau* = a brush, a foot).

Il est passé par le trou d'une aiguille.

Il a réussi tout juste à son examen.

He barely succeeded his exam. Literally, he went through the eye of a needle.

Il a laissé tomber, il a déposé les armes.

Il a abandonné, c'est trop difficile.

He gave up. (*Déposer les armes* = to lay down one's arms).

Elle joue son va-tout, elle tente le tout pour le tout.

Elle essaye quand même malgré les difficultés.

She stakes her all, she risks everything.

(Pour le faire manger,) c'est la croix et la bannière!

C'est très difficile.

It's hell, it's very difficult (getting him to eat)! (*La croix et la bannière* = the cross and the banner).

Je me suis payé/tapé/tartiné 20 kilomètres à pied!

J'ai dû parcourir 20 kilomètres à pied.

I had to put up with walking, I had to walk 20 kilometres! (*Taper* = to hit; *tartiner* = to spread).

(Il a réussi) contre vents et marées.

Malgré tout, en dépit de tous les obstacles.

(He succeeded) come hell or high water, despite everything. Literally, (he succeeded) against winds and tides.

C'est un sacré bazar!

Ce n'est pas facile.

It's not easy, it's a hell of a problem! Literally, it's a holy mess. This expression is ironic.

Je me suis mis une sacrée épine dans le pied!

Je suis dans une situation difficile, j'ai un grand problème.

I put myself in a very difficult position. Literally, I put myself a holy (= a hell of a) thorn in the (=my) foot!

Je rame!

C'est trop compliqué, j'ai du mal à suivre/à comprendre/à faire quelque chose.

I have to struggle to understand, to do something. (*Ramer* = to row).

Mettre des bâtons dans les roues.

Employer tous les moyens pour rendre la tâche de quelqu'un plus difficile.

To put a spoke in somebody's wheel, to prevent somebody from doing what they have planned. (*Un bâton* = a stick).

Ramasser une veste, se casser le nez.

Subir un échec (en politique p.ex.).

To come a cropper, to fail (in politics, for instance). Literally, to pick up a jacket, to break one's nose.

Ramasser une pelle.

Tomber, échouer dans un projet.

To fall heavily, to fail (in business, for instance). Literally, to pick up a shovel.

Je ne sais pas par quel bout commencer.

Je ne sais pas comment commencer à dire ou à faire quelque chose.

I don't know where to begin.

Tire ton plan!

Débrouille-toi!

Look after yourself!

Autant chercher une aiguille dans une botte de foin.

C'est trop difficile, c'est complètement inutile.

It's like looking for a needle in a haystack, it's almost impossible to find.

Je jette l'éponge!

J'abandonne la lutte. Expression provenant du monde de la boxe.

I throw in the towel/the sponge, I give up!

J'arrête les frais!

J'abandonne, j'arrête de payer.

I stop wasting my time (and money)!

6. J' vous l' jure, m'sieur l' Président! – I swear it's true, Your Honour!

Ça en a tout l'air.

Ça semble vrai.

It seems, it looks like it to me.

Sans blague, blague à part.

Vraiment, sérieusement. – Sans blague, t'es dans la police?

No kidding, seriously.

Parler/jouer cartes sur table.

Parler ouvertement, franchement.

To put one's cards on the table, to speak frankly, to tell the truth.

Je ne te le fais pas dire!

C'est évident.

You don't need to tell me! It's obvious.

Elle a découvert le pot aux roses.

Elle a découvert le secret, ce qu'on lui cachait, la vérité.

She stumbled on what's been going on, she discovered what has been hidden.

Ça ne fait pas un pli.

Il n'y a aucun doute.

There's no doubt about it.

Je n'en crois pas mes yeux/mes oreilles!

Je ne peux pas accepter ce que je vois/ce que j'entends, j'ai du mal à l'admettre.

I can't believe my eyes/ears, I can hardly accept something really happened, that it's true.

Ne vous fiez pas aux apparences.

Ce n'est pas si facile, si évident.

Appearances are deceptive, don't trust what you see from the outside. (*Se fier à* = to trust).

Ça ne rime à rien.

Ça n'a pas de sens, ça ne veut rien dire, ça ne sert à rien.

It makes no sense. (*Rimer* = to rhyme).

Faire monter quelqu'un à l'arbre, faire marcher quelqu'un.

Mystifier quelqu'un. Il te fait marcher = il veut te tromper.

To take somebody for a ride (to swinde), to pull somebody's leg, to play a joke.

Tu m'en racontes de belles!

Tu me dis des choses étonnantes. (De belles = de belles histoires).

This is quite a story you're telling me! What you tell me is surprising. (*De belles* = pretty (stories)).

C'est du bidon!

C'est du bluff, ce n'est pas vrai. Une société bidon.

It's phoney, it's baloney! It's not true. (*Un bidon* = a can, a tin).

Je l'ai mis(e) en boîte.

Il/elle m'a cru.

I wound him/her up, I pulled their leg, I deceived them, I made them believe something that isn't true. (*Mettre en boîte* = to put in a box).

Tu en a de bonnes!

Tu plaisantes, je ne te crois pas, ça ne va pas, non?

Are you kidding?

Qu'est-ce que c'est que cette histoire/ce conte de fées?

Cette explication est peu crédible.

What's all this about, what's this fairy tale? You use this expression when you don't believe what you see, hear or read.

C'est une histoire à dormir debout.

C'est un mensonge.

It's a cock and bull story, a tall story, an unbelievable story. (*Dormir debout* = to sleep standing up).

Ça ne tient pas debout.

Ce n'est pas logique.

It doesn't hold water, it doesn't hold up, it doesn't make sense.

Il en raconte des vertes et des pas mûres.

Il raconte des histoires incroyables (pour se justifier).

He tells some pretty raunchy jokes, spicy stories, he tells incredible stories to justify himself.

Tu prends des vessies pour des lanternes, tu te fais des illusions, tu te goures complètement, tu es à côté de la plaque.

Tu te trompes complètement.

You think the moon is made of green cheese, you are easily hoodwinked, you're deluding yourself, you've got it completely round your neck, you're completely mistaken.

Il croit mordicus (qu'on est lundi).

Il en est tout à fait persuadé mais il se trompe.

He doggedly/stubbornly believes (it's Monday) but he's wrong.

C'est de la frime.

C'est du faux-semblant, ce n'est pas pour de vrai.

It's just a put-on, it's all pretence.

Elle s'est trompée jusqu'à la gauche.

Elle s'est trompée complètement.

She's completely wrong. (*Jusqu'à la gauche* = (from right) up to the left).

J'ai fait fausse route.

Je me suis trompé(e).

I'm mistaken. (*Faire fausse route* = to go off course).

Il (lui) jette de la poudre aux yeux.

Il donne l'illusion, il fait croire des choses merveilleuses à quelqu'un.

He tries to impress him/her. Literally, he throws powder in his/her eyes.

7. **De temps**... (la météo) – From time... (weather-wise)

Il y a un brouillard à couper au couteau, il y a une sacrée purée de pois.

Il y a un brouillard très épais.

The fog is so thick you can't see your hand in front of your face, you could cut it with a knife, this fog's a pea-souper, it's very thick.

Il faut veiller au grain.

Il faut surveiller, il faut être prudent. (Un grain = un coup de vent).

We must keep our weather eye open, we must be on our guard, cautious. (*Un grain* = a squall (a sudden strong wind)).

Je ne suis pas né de la dernière pluie.

Je ne suis pas naïf, j'ai de l'expérience.

I wasn't born yesterday, I'm not naïve. Literally I wasn't born during last rain.

Ils sont comme le jour et la nuit.

Ils sont très différents.

They're like chalk and cheese/night and day, they're totally different.

Il douche, il flotte.

Il pleut beaucoup.

It buckets down, it pours, it rains a lot.

Quelle douche! quelle flotte!

Quelle pluie! (La flotte = l'eau).

What a downpour, what a heavy rain! (*La flotte* = water).

Il pleut comme vache qui pisse, il pleut des cordes, il tombe des hallebardes.

Il pleut très fort.

It's raining cats and dogs, it's pouring down, it rains heavily. (*Une vache qui pisse* = a peeing cow; *des cordes* = ropes; *des hallebardes* = hallberds).

Il fait trop mauvais pour mettre le nez dehors.

Il fait trop mauvais pour sortir.

The weather's too bad to put your nose outside the door, to go out.

Il fait un temps de cochon/de chien/de grenouille/de merde, il fait un temps à ne pas mettre un chien dehors.

Il fait très mauvais.

The weather is really bad. (*Un cochon* = a pig; *une grenouille* = a frog; *ne pas mettre un chien dehors* = to keep a dog indoors).

Il fait un froid de canard.

Il fait très froid.

It's freezing. (*Un canard* = a duck).

Il gèle à pierre fendre.

Il fait très froid, il gèle à faire craquer les pierres.

It's freezing hard. (*Fendre une pierre* = to split a stone).

On se les gèle, on caille comme des perdrix!

On a très froid.

It's bloody freezing! (*(Se) cailler* = to be cold; *une perdrix* = a partridge).

J'ai les guibolles qui tricotent des napperons.

Je tremble de froid (ou de peur). (Les guibolles = les jambes).

My pins (=legs) are knitting mats, I'm shaking with cold/fear.

Il fait un vent à décorner les bœufs.

Il y a un vent très fort.

There's a fierce wind blowing, it's a blustery/gusty day. (*Décorner un boeuf* = to dehorn an ox).

Elle fait la pluie et le beau temps.

Elle décide tout.

She's powerful, she calls the shots, she dictates what goes on. Literally, she makes rain and fair weather.

Il parle de la pluie et du beau temps.

Il dit des choses sans aucun intérêt pour passer le temps.

He talks of this and that, he talks of things of no interest to pass the time.

Bon vent!

Au revoir!

Goodbye, good riddance! This expression is uttered when you say goodbye to someone you don't want to see again. Literally, good wind.

8. ... en temps. (la durée) – to time (duration-wise)

Ca fait un fameux bail/une (sacrée) paie (qu'on ne s'est pas vus)!

Ça fait longtemps.

It's been ages since (we last met)! (*Un bail* = a lease; *une paie* = a pay).

Voilà une heure que je fais le poireau/que je poireaute.

J'attends depuis une heure.

I've been kicking/cooling my heels, I've been hanging around/waiting for an hour. (*Un poireau* = a leek; *poireauter* = to wait).

J'ai fait le pied de grue pendant deux heures!

J'ai dû attendre debout pendant deux heures!

I've been cooling/kicking my heels, I've been waiting and standing for two hours! (*Une grue* = a crane).

Ça fait trois heures que ce politicien tient le crachoir.

Ça fait trois heures qu'il parle.

This politician has been going on and on, he has been talking nonstop, he has monopolized the conversation for three hours. (*Tenir le crachoir* = to hold the spittoon).

C'est pas demain la veille (que je me marierai avec toi)!

Ça n'arrivera jamais.

(I'm not going to marry you) overnight! Literally, tomorrow is not the day before (the day when I'll marry you).

Ça remonte au déluge.

C'est très ancien.

It's ancient history. (*Le Déluge* = the Flood).

Il est cinq heures pile/tapantes.

Il est tout juste/exactement cinq heures.

It's five o'clock sharp, it's exactly five o'clock.

Prendre quelqu'un sur le fait.

Le surprendre au moment où il agit, en flagrant délit.

To catch somebody in the act, while he/she's doing something (bad).

(Notre amour n'est qu') un feu de paille, il ne fera pas long feu.

Il ne durera pas longtemps, il est passager.

(Our love is nothing but) a flash in the pan, it won't last long.

Mettre (un projet) au frigo.

Le mettre de côté, le remettre à plus tard.

To put (a project) aside. (*Au frigo* = in the fridge).

Il reviendra à la saint-glinglin, la semaine des quatre jeudis, aux calendes grecques, quand les poules auront des dents.

Jamais. – Si tu continues comme ça, tu seras riche quand les poules auront des dents!

He'll never come back in a month of Sundays, he'll come back when pigs fly, he'll never come back. (*La Saint-Glinglin* is a day that doesn't exist; *la semaine des quatre jeudis* = the four Thursdays' week; *les calendes grecques* don't exist; *quand les poules auront des dents* = when hens will have teeth). These expressions all point to impossible things and mean 'never'.

Faire la grasse matinée.

Rester au lit jusqu'à une heure avancée du jour.

To have a lie-in, to sleep in, to stay in bed late. Literally, to do the fat morning.

Il ne faut pas chercher midi à quatorze heures.

Il ne faut pas compliquer ce qui est simple.

You shouldn't complicate matters. Literally, you shouldn't look for 12 o'clock at 2 p.m.

Je n'ai pas eu le temps de dire ouf!

• *J'ai dû me dépêcher.*

I didn't have the time to say "phew!"/Jack Robinson, I didn't have the time to catch my breath! I had to do something very quickly, something happened suddenly.

Je ne vous demande pas l'heure qu'il est!

Je ne vous parle pas!

I'm not talking to you! Literally, I'm not asking you what time it is.

Je ne suis pas né d'hier..

Je ne suis pas naïf, j'ai de l'expérience.

I wasn't born yesterday, I'm not naïve.

Elle est réglée comme une horloge.

Elle a des habitudes bien établies.

She's completely predictable. Literally, she's adjusted like a clock.

Il est arrivé in extremis.

Il est arrivé juste à temps, juste avant qu'il soit trop tard.

At the last minute, just before it's too late.

Elle vit au jour le jour/à la petite semaine.

Elle vit sans se préoccuper du lendemain.

She lives one day at a time, from day to day. (*La semaine* = the week).

Il se lève au petit jour.

Il se lève très tôt.

He gets up early morning. (*Le jour* = the day).

Elle se couche à la tombée de la nuit.

Elle se couche avec le soleil.

She goes to bed at nightfall.

Tu vois loin!

Tu es prévoyant(e). – Prononcée ironiquement, cette expression signifie. "Tu te fais des illusions!"

You're far-sighted! Pronounced ironically, this expression means. "You're deluding yourself!".

Cette histoire traîne en longueur.

Elle dure trop longtemps.

Things (are beginning to) linger on/drag on.

Il y a belle lurette qu'il est parti/il est parti depuis belle lurette.

Il y a longtemps qu'il est parti/il est parti depuis longtemps.

He left ages ago, a long time ago. (*Une lurette* (= *une heurette*) = a little hour).

(Ma voiture) a fait son temps.
Elle ne fonctionne plus, elle a bien servi.
(My car) has seen better days, it's too old.

J'ai eu un trou (de mémoire) pendant l'examen.
J'ai eu un oubli momentané.
I had a memory lapse during the exam.

Minute, papillon!
Hé là! un instant! attends un peu! pas si vite!
Hold your horses, hang on a minute, not so fast! (*Un papillon* = a butterfly).

(Je fais de la peinture) à mes moments perdus.
Quand j'ai le temps, quand j'ai des loisirs.
(I paint) in my spare time, when I have time.

Il s'amuse le plus clair de son temps.
La plus grande partie de son temps.
He spends most/the best part of his time having fun.

Faire le pont.
Ne pas travailler un jour de la semaine situé entre le week-end et un jour de congé (donc le lundi ou le vendredi).
To have a long weekend, to take a day off between a holiday and the weekend. (*Le pont* = the bridge).

Tu arrives à point.
Tu arrives juste au bon moment.
You're coming just in time, at the right time.

Faire la queue.
Attendre dans une file.
To stand in a queue, to queue.

Il prend racine.
Il reste trop longtemps à la même place (en attendant, en bavardant).
He takes root, he stays too long at the same place, he talks too long.

C'est pas trop tôt!

J'ai attendu longtemps. Expression de dépit.

At last, (it's) about time too! There's a nuance of disappointment in this expression.

Ça prend un temps fou!

Ça prend énormément de temps.

It takes a lot of time. (*Fou* (= mad) = a lot).

(Il se curait délicatement le nez avec les doigts) pour tuer le temps.

Pour avoir quelque chose à faire car il s'ennuyait ferme.

(He was delicately picking his nose with his finger) to kill time.

9. En vitesse. – Quick

Magne-toi, grouille-toi!

Dépêche-toi!

Get a move on, hurry up!

Oh la la! Qu'est-ce que j'ai cavalé!

Qu'est-ce que j'ai dû courir! je me suis dépêché(e).

Ooh! I had to run/rush!

Aboule! viens ici et que ça saute!

Viens ici tout de suite, dépêche-toi!

Come here quickly and get a move on/get your stakes on! Get here fast! (*Sauter* = to jump).

(Il est parti) à toute vitesse, en quatrième vitesse, à la vitesse grand V.

Très rapidement.

(He left) double-quick, at top speed, p.d.q. (pretty damn quick).

(Il est arrivé au monde) comme un boulet de canon, à toute vapeur.

Très vite.

(He was born) at full speed, very quickly. (*Comme un boulet de canon* = like a cannonball; *à toute vapeur* = full steam ahead).

Appuyer sur le champignon.

Aller plus vite. (*Le champignon = l'accélérateur*).

To put one's foot down, to step on the gas/it, to go faster. (*Le champignon* (= the mushroom) = the accelerator).

Il met la gomme, il met les gaz.

Il accélère.

He steps on it, he puts his foot down, he accelerates, he speeds up. (*La gomme* = gum, rubber).

Il met toute la sauce/toute la gomme.

Il pousse le moteur/il accélère au maximum.

He puts his foot down all the way, he goes as fast as he can.

(Cette ville) a poussé comme un champignon.

Elle s'est rapidement développée.

(This city) popped up like a mushroom/mushroomed, it grew up fast.

(Il a disparu) en un clin d'œil.

Très rapidement, en un instant.

He disappeared in the twinkling of an eye, in the wink of an eye, in less than no time, in a flash, very quickly.

Qu'est-ce qui te prend?

Qu'est-ce que tu fais subitement, pourquoi agis-tu comme ça tout à coup?

What's the matter with you now, what's going on with you?

(Tu es arrivé(e)) sans crier gare.

Sans prévenir. (Gare! = attention!)

(You came here) without any warning. Literally, you arrived without shouting watch out!

Il est passé en coup de vent.
Il n'est resté qu'un instant.
He rushed through, he came in a flash, he paid a flying visit. (*Un coup de vent* = a gust of wind).

J'ai mangé sur le pouce.
J'ai mangé rapidement.
I had a quick bite. Literally, I ate on the thumb.

Il court comme un dératé.
Très vite. (Dérater = enlever la rate de quelqu'un).
He runs like the clappers, he runs like crazy/lightning, very fast. Literally, he runs as if his spleen had been removed.

Il a fait son devoir en moins de deux.
Très rapidement.
He did his homework in two tricks, in no time at all, very quickly. (*En moins de deux* = in less than two).

(Devant les flammes,) elle n'a fait ni une ni deux (et elle a sauté).
Elle n'a pas hésité.
(Forced by the fire,) she didn't hesitate (and jumped). (*Ne faire ni une ni deux* (= to do neither one nor two) = to act immediately).

Il est rapide comme l'éclair.
Il est extrêmement rapide.
He's as quick as a flash, he's extremely quick.

(Il lui a pris son sac) en un éclair.
Extrêmement vite.
(He took her bag) in a flash/a trice/an instant.

(Elle conduit) à un train d'enfer.
Dangereusement vite. (Le train = l'allure).
She drives hell for leather, at a cracking pace, dangerously fast. (*Un train d'enfer* = a hellish speed).

(Il pédale) à fond la caisse, à fond de train.
Il conduit à toute allure.
He pedals at breakneck speed, at top speed.

Elle a brûlé les étapes.

Elle s'est dépêchée pour arriver au but.

She went too far too fast (negative meaning), she advanced by leaps and bounds (positive meaning), she cut corners, she tok short cuts. Literally, she burnt the stages/steps.

Il a démarré sur les chapeaux de roues, il est parti au (triple) galop.

À toute allure.

He shot off at top speed, double-quick. (*Un chapeau de roue* = a hubcap).

(Elle est tombée à l'eau et) elle a coulé comme un plomb, comme une pierre, à pic.

Elle s'est noyée aussitôt.

She (fell into the water and) went under like a stone, she went straight down, straight to the bottom. (*Un plomb* = a sinker).

(La police a réalisé un beau) coup de filet.

Une opération très rapide destinée à arrêter un ou plusieurs criminels en contrôlant un groupe de personnes ou un lieu précis.

(The police carried out a nice) haul/raid. (*Un filet* = a net).

(Le chômage) monte en flèche.

(Il) augmente très rapidement.

(Unemployment) shoots up. (*Monter en flèche* = to go up like an arrow).

Il court à perdre haleine.

Il court jusqu'à se fatiguer totalement. (L'haleine = le souffle.)

He runs until he's out of breath.

(Elle est devenue riche) du jour au lendemain.

Très rapidement.

(She became rich) overnight.

Il a filé comme un lapin.

Il s'est enfui très vite.

He dashed off, he fled very fast. Literally, he fled like a rabbit.

(Il a disparu) comme un pet sur une toile cirée.

Très vite.

(He disappeared) very quickly. Literally, he disappeared like a fart on an oilcloth.

Son sang n'a fait qu'un tour.

Il a réagi brutalement sous le coup de la colère ou de l'indignation.

He saw red, he's very upsed. Literally, his blood turned only once.

(Elle s'est mariée) sur un coup de tête.

(Elle s'est mariée) brusquement, sans réfléchir.

(She got married) on an impulse, suddenly, without thinking. (*Sur un coup de tête* = on a headbutt).

(Elle est arrivée) tambour battant.

Immédiatement.

(She came) briskly, immediately. (*Tambour battant* = as drums are being beaten).

Il a répondu du tac au tac.

Il a répondu instantanément.

He snapped back, he answered tit for tat, instantly.

10. Nombres d'or. – Perfect numbers

Quel numéro!

Quel étrange personne, quel curieux enfant!

What a character, what a strange person!

J'ai tiré le bon numéro.

J'ai eu de la chance, j'ai fait un bon mariage.

I picked a winner, I'm fortunate.

C'est un minus, il est nul/nullissime, c'est une nullité/un zéro!

Il est stupide, c'est un ignorant.

He's a moron, a no-hoper, a (born) loser, an ignoramus, a very ignorant person.

C'est zéro/non sur toute la ligne!
Certainement pas, pas question!
No way! (*Sur toute la ligne* = all down the line, from start to finish).

Elle a le moral à zéro.
Elle est déprimée.
She's at an all-time low, she's depressed.

Il a la boule à zéro.
Il s'est fait raser les cheveux, il ne lui reste pas un seul cheveu sur la tête.
He has a shaven head.

Tu te fous du quart comme du tiers!
Tu t'en moques, tu ne te sens pas concerné(e).
You couldn't care less! (*Le quart* = the fourth, ¼; *le tiers* = the third, 1/3).

Tu n'en fous pas une!
Tu ne fais rien de toute la journée, tu es paresseux.
You do nothing at all, you're really lazy!

C'est (une bouteille) de première!
C'est (un vin) excellent.
This is a first-rate (bottle of wine), an excellent (wine)!

(Tu vas sortir d'ici) en moins de deux.
Immédiatement.
(You'll get out of here) in a jiffy, in two ticks, immediately.

Il faut y regarder à deux fois (avant d'acheter).
Il faut se méfier.
You should think twice (before buying).

Il brûle la chandelle par les deux bouts.
Il gaspille, il dépense tout ce qu'il a, il se fatigue trop.
He burns the candle at both ends, he spends everything he has, he exhausts himself.

Il/elle joue sur les deux tableaux.

Il/elle cherche à obtenir un intérêt dans deux camps opposés. Cet espion joue sur les deux tableaux. – il vend des plans secrets aux Américains et aux Russes.

He hedges his bets, he tries to get an advantage from two opposite sides.

Il est grand comme trois pommes.

Il est encore très jeune/tout petit.

He's knee-high to a grasshopper, he's very young and very small. Literally, he's as tall as three apples.

Je n'irai pas par quatre chemins.

J'irai droit au but, directement, sans hésitation.

I won't beat about the bush, I'll come straight to the point. (*Un chemin* = a road, a path).

On se reverra un de ces quatre.

On se reverra un des ces jours, bientôt. – A un de ces quatre! = au revoir, à bientôt!

We'll meet again one of these days.

(Ce livre, il te le rendra) la semaine des quatre jeudis.

(Il ne te le rendra) jamais.

(He'll) never (return this book) in a month of Sundays, you'll never get it back. Literally, (he'll return your book) in the week of four Thursdays.

Je me suis retrouvé(e) les quatre fers en l'air.

J'étais par terre, à la renverse, sur le dos. (Les fers = les fers à cheval = les bras et les jambes).

I ended up flat on my back. (*Les quatre fers* = arms and legs).

Celui-là, il fait ses quatre volontés!

Il fait ce qu'il veut sans se soucier des autres.

He does as he likes! (*La volonté* = the will).

Je me coupe en quatre pour toi!

Je fais tout ce que je peux pour toi.

I go to no end of trouble for you, I bend over backwards for you, I'd do everything for you! Literally, I cut myself in four for you!

Sa mère se saigne aux quatre veines (pour lui payer des études).

Elle se prive de tout.

She makes big sacrifices (to pay his/her studies). (*Se saigner aux quatre veines* = to cut all of one's veins and bleed).

Tu coupes les cheveux en quatre!

Tu compliques tout inutilement.

You split hairs, you complicate everything!

Celui-là, je vais lui dire ses quatre vérités!

Je vais lui dire ce que je pense vraiment de lui et tant pis s'il n'apprécie pas!

I'm going to tell him/her a piece of my mind! I'm going to tell them what I really think. (*Ses quatre vérités* = his four truths).

Il était moins cinq!

C'était tout juste, j'ai échappé de justesse à un grand danger, à un grave problème.

It was a close shave, I barely escaped a danger, I avoided a big problem!

(Elle a fait son travail) en cinq sec, en deux temps trois mouvements, en trois coups de cuiller à pot.

Rapidement et efficacement.

(She did her job) in no time at all, in the twinkling of an eye, before you could say "Jack Robinson", in a jiffy, very quickly.

Tu es la cinquième roue du carrosse!

Tu es complètement inutile!

You're the fifth wheel, you're completely useless! (*Un carrosse* = a coach).

C'est le mouton à cinq pattes.

C'est une chose impossible.

This is something impossible. Literally, this is the five-legged sheep.

Les cinq lettres.

Cette expression désigne - d'une manière moins directe - le mot de Cambronne: "merde!".

The naughty word. This expression stands for *"merde!"* (= "shit!"), sometimes considered as too rude to be pronounced directly.

(Il a écrit son rapport) à la six-quatre-deux.

Avec précipitation et sans vérification.

(He wrote his report) in a slapdash way, in a rushed way, much too fast. (*Six-quatre-deux* = six-four-two).

Jeudi en huit.

Jeudi dans une semaine, dans huit jours.

A week on/from Thursday, next week on Thursday.

Mardi en quinze.

Mardi dans deux semaines, dans quinze jours.

A fortnight on/from Tuesday, in two weeks on Tuesday.

Il tue les mouches à quinze pas.

Il a mauvaise haleine.

He has bad breath. Literally, he kills flies (flies drop dead) at fifteen paces.

Vingt-deux, (v' la les flics)!

Attention, la police arrive!

Watch out, (here come the cops)! (*Vingt-deux* = twenty-two).

Il se met sur son trente et un.

Il met ses plus beaux vêtements.

He gets all dressed up, he's dressed up to the nines, he puts on his nicest clothes. (*Trente-et-un* = thirty-one).

Voir trente-six chandelles.

Être extrêmement surpris(e), voir des lumières après avoir reçu un coup sur la tête.

He sees stars, he's extremely surprised, he took a knock on the head. Literally, he sees thirty-six candles.

Elle est tombée dans le trente-sixième dessous.
Elle est désespérée, elle est dans la misère.
She's in the depths of depression, she's really down in the dumps, she's in a very bad situation/in misery. Literally, she fell in the thirty-sixth level underneath.

Je m'en fous comme de l'an quarante!
Je m'en moque complètement!
I don't give a damn, I don't care at all! (*L'an quarante* = year 40).

Je m'emmerde à cent francs/cent sous l'heure!
Je m'ennuie à mourir!
It's so bloody boring here! I'm bored to death! Literally, I'm bored at one hundred francs/sous (=pennies) an hour!

J'étais à cent lieues de me douter que (c'était lui, l'assassin)!
J'étais très loin de m'en douter, de le savoir.
It would never have occurred to me that (he's the murderer)! I would never have guessed it. (*À cent lieues de* (= one hundred leagues away) = very far).

Il fait les cent pas.
Il attend impatiemment un événement, une nouvelle en marchant de long en large.
He paces up and down, he walks back and forth. (*Cent pas* = one hundred paces).

(Tu ne va pas) attendre cent sept ans!
Attendre longtemps.
(You're not going to) wait forever (and a day)! You're not going to wait for ages! (*Cent-sept ans* = one hundred and seven years).

Quand j'étais jeune, j'ai fait les quatre cents coups.
J'ai mené une vie de risques et d'aventure en tous genres.
When I was young, I sowed my wild oars, I was a real tearaway, I was a bit of a handful, I had a wild life. (*Quatre-cents coups* = four hundred blows).

(Tu sais qui j'ai rencontré ce matin? Eh bien,) je te le donne en mille!
Tu ne devineras jamais!
(Do you know who I met this morning? Well,) I bet you'll never guess! This expression means: you don't have a chance out of a thousand to guess something right.

11. Les couleurs. Colours

Un bleu.
Un nouveau, un apprenti, une personne sans expérience.
A newcomer, a rookie, a person with very little experience. (*Bleu* = blue).

Un rouge.
Un communiste.
A communist. (*Rouge* = red).

Un vert.
Un écologiste.
An environmentalist. (*Vert* = green).

Un noir.
Un anarchiste.
An anarchist. (*Noir* = black).

Il/elle m'en fait voir de toutes les couleurs!
Il/elle me fait souffrir, me bat, me trompe...
He/she gives me a hard time. (*Toutes les couleurs* = all colours).

Tirer à boulets rouges sur quelqu'un.
Le critiquer, l'attaquer violemment.
To lay into somebody, to attack someone violently with blows or words. Literally, to shoot someone with red cannonballs.

(Il s'est moqué de moi alors) j'ai vu rouge.
Je me suis mis(e) en colère, je me suis fâché(e).
(He made fun of me so) I saw red, I got mad.

Elle se fâche tout rouge.

Elle est furieuse.

She's hopping mad, she got really angry.

Elle est rouge comme une tomate/une pivoine/une écrevisse.

Elle est très rouge. (Comme une tomate/une pivoine = rouge de timidité; comme une écrevisse = elle a un sévère coup de soleil).

She's as red as a beetroot, as a lobster. (*Une pivoine* = a peony (shyness); *une écrevisse* = a lobster (sunburn)).

Il est rouge de honte.

Il est extrêmement gêné.

He's red in the face, he's terribly ashamed. (*La honte* = shame).

J'ai brûlé/grillé un feu rouge.

Je suis passé(e) au rouge en voiture/à moto...

I jumped the lights, I went through a red light.

Il/elle pique un fard.

Il/elle rougit soudainement.

He/she turns crimson/red, he/she's flushed. Literally, to stick (to put on) a make-up (on the face) = to become suddenly red.

La langue verte.

L'argot. (Verte = grivoise, osée, crue).

Slang. Literally, the green (crude) language.

Il m'a donné le feu vert.

Il m'a donné l'autorisation, je peux commencer.

He gave me the green light, he gave me permission to do something.

Il est vert de rage.

Il est extrêmement fâché.

He's extremely upset, he's furious/in a rage.

Il est vert de jalousie.

Il est extrêmement jaloux.

He's extremely jealous.

J'en ai vu des vertes et des pas mûres!

J'ai souffert, j'ai dû supporter des choses pénibles.

I've been through some hard times, I've been through a lot (of unpleasant things), I suffered a lot! (*Mûr* = ripe).

Il s'est mis dans une colère noire.

Dans une violente colère.

He flew into a rage. Literally, he put himself into a black anger.

Je suis dans le noir (le plus complet).

Tu peux m'éclairer, éclairer ma lanterne? je ne comprends pas, tu peux m'expliquer?

I'm (totally) in the dark, I understand nothing at all.

Il fait noir comme dans un four.

Il fait très obscur.

It's pitch-black/pitch-dark in here, I can't see a thing.

Une marée noire.

Une pollution (accidentelle) de la mer par du pétrole.

An oil slick (pollution). Literally, a black tide.

Je broie du noir!

Je suis déprimé(e), je suis très triste.

I'm in the doldrums, I think gloomy thoughts, I brood, I'm depressed. Literally, I pound black (ore in a mortar)!

Elle voit tout en noir.

Elle est pessimiste.

She looks on the dark side (of things), she's pessimistic.

Il est gris, il est noir.

Il a bu!

He's tipsy (*gris* = grey), he's drunk (*noir* = black).

(Elle est amoureuse,) c'est écrit noir sur blanc!

C'est clair, c'est évident!

(She's in love,) it's written (down) in black and white! It's obvious.

Il est blanc comme un linge, il est blanc de peur.
Il est très pâle, très effrayé.
He's white as a sheet, he's really scared. (*La peur* = fright).

(Pour entrer,) il faut montrer patte blanche.
Il faut montrer un document qui autorise à passer.
(To get in,) you have to show your credentials, a document, a pass. Literally, (to get in,) you have to show (a) white leg.

Vous avez carte blanche.
Vous avez la permission, faites comme vous le jugez bon!
I give you a free hand, do as you like. Literally, you have (a) white card.

Il est blanc comme un cachet d'aspirine.
Il est pâle, il n'est pas bronzé. Expression légèrement ironique.
He's completely/lily white, he's pale. This expression is slightly ironic. (*Un cachet* = a tablet).

Il a du sang bleu dans les veines.
C'est un noble, un aristocrate.
He's blue-blooded, he's an aristocrat.

Il a une peur bleue des chats.
Il en a très peur.
He's scared stiff of cats, he's very scared of cats.

Il est bleu de froid.
Il est complètement gelé.
He's blue with cold, he's frozen.

Rire jaune.
Rire sans joie, rire d'une manière forcée.
To give a forced/hollow/joyless laugh. Literally, to laugh yellow.

(Elle a repeint les murs) en jaune caca d'oie.
Dans une teinte criarde et voyante.
(She repainted the walls) greenish-yellow. (*Le caca d'oie* = goose dropping).

Je suis marron/chocolat!

On m'a trompé(e)!

I've had it now, I've been had/taken in/cheated!

Pourquoi fais-tu grise mine?

Pourquoi as-tu l'air triste?

Why do you look sad/reluctant, why are you none too pleased? (*Grise mine* = grey-faced).

Des cheveux poivre et sel.

Des cheveux à la fois gris et blancs.

Pepper-and-salt hair, grey and white hair.

Elle voit tout en rose.

Elle est optimiste.

She sees everything through rose-tinted/rose-coloured spectacles, she's optimistic.

VII – Le règne animal
The animal kingdom

1. Nos parents éloignés. – Our distant relatives

Un clebs, un clébard, un cabot.
Un chien.
A dog, a mutt.

Un matou.
Un chat.
A cat, a tomcat.

Il est gai comme un pinson.
He's as happy as a lark, he's very happy.

Elle est bavarde comme une pie.
She's a chatterbox, she's very talkative. (*Une pie* = a magpie).

Il siffle comme un merle.
He likes to sing and whistle. Literally, he whistles like a blackbird.

Il est fier comme un paon.
He's as proud as a peacock.

Il est bête comme une oie.
He's as thick as two short planks, he's stupid. (*Une oie* = a goose).

Il est laid comme un pou.
He's as ugly as sin. (*Un pou* = a louse).

Elle est excitée comme une puce.
She's like a cat on a hot tin roof. (*Une puce* = a flea).

Il est adroit/malin comme un singe.
He's as cunning/sly as a fox. (*Un singe* = a monkey, an ape).

Elle est myope comme une taupe.
She's as blind as a bat. (*Une taupe* = a mole).

Elle pleure/chiale comme un veau.
She cries her eyes out, she blubbers, she snivels, she bawls. Literally, she cries like a calf.

Elle est souple comme une anguille.
She's as slippery as an eel, she's difficult to catch.

Il est paresseux comme un lézard/un loir.
He's bone idle. Literally, he's as lazy as a lizard/a dormouse.

Elle dort comme un loir, comme une marmotte.
Elle dort profondément. (Le loir et la marmotte hibernent).
She sleeps like a log. (*Un loir* = a dormouse; *une marmotte* = a marmot). These two animals hibernate.

Il travaille comme une bête/une fourmi.
Il travaille beaucoup.
He's as busy as a bee. Literally, he works like an animal/an ant.

Il est doux comme un agneau.
Il est très doux, très gentil.
He's as meek as a lamb.

Il se marre/il se tord comme une baleine.
Il se tord de rire. (Se marrer = s'amuser).
He laughs his head off, he splits his sides laughing. Literally, he has a good laugh/he doubles up laughing like a whale.

Il souffle comme un phoque.
Il souffle bruyamment (quand il fait un effort, quand il est fatigué).
He puffs and pants, he breathes loudly (when doing something tiring). Literally, he blows like a seal.

Elle est muette comme une carpe.
Elle ne dit pas un mot.
She doesn't say a word, she doesn't open her mouth. Literally, she's as dumb as a carp.

Ce couple s'entend comme chien et chat.
Il se dispute constamment.
This couple is always at each other's throats, they quarrel constantly. Literally, they get along like dog and cat.

(Tu manges/écris...) comme un cochon.
Très mal, très salement.
(You write) very badly, (you eat) like a pig.

Il est comme un coq en pâte.
Il est très bien soigné/traité.
He's in clover, he lives like a pig in clover, he's as snug as a bug in a rug, he's in a very comfortable situation. (*Un coq en pâte* = a cock rooster) in a dough ready to be cooked)).

Elle est nue comme un ver.
Elle est toute nue.
She's stark naked, she has nothing on. (*Un ver* = a worm).

Il est agile/vif comme un écureuil.
Il est très vif, très rapide.
He's very agile, he moves fast. Literally, he's as agile as a squirrel.

Elle tourne comme un écureuil en cage.
Elle s'agite, elle ne peut pas tenir en place, elle est impatiente.
She's so nervous she can't stand still, she's impatient. Literally, she turns like a squirrel in a cage (a climbing frame).

Elle avance comme un escargot.
Elle avance très lentement.
She goes at a snail's pace, very slowly.

Il est têtu comme une mule.
Il est obstiné, entêté.
He's (as) stubborn as a mule.

Elle est chargée comme une mule.
Elle porte beaucoup de bagages, de sacs.
She's weighed down. (*Comme une mule* = like a mule).

Elle parle comme un perroquet.

Elle répète ce qu'elle entend sans comprendre.

She parrots (what somebody said), she talks parrot-fashion, she simply repeats what she heard.

Je suis comme un poisson dans l'eau.

Je suis tout à fait à l'aise.

I'm in my element, I'm happy and comfortable. Literally, I'm like a fish in the water.

Crier comme un putois.

Pousser des cris aigus.

To scream one's head off, to shout/yell at the top of one's voice. (*Un putois* = a polecat, a skunk).

Il est comme un chien dans un jeu de quilles.

Il n'est pas à sa place, il est maltraité.

He feels he's not welcome/in his place, he feels quite uncomfortable. Literally, he's like a dog in a game of skittles (= bowling).

Je suis malade comme un chien.

Je suis très malade.

I'm as sick as a dog, I'm violently sick.

Il est mort comme un chien.

Il est mort misérablement.

He died like a dog, miserably.

Je suis fait comme un rat!

Je suis pris au piège, je ne peux plus m'échapper.

I'm caught like a rat in a trap, I'm cornered, I have no escape!

(Dans l'autobus,) nous sommes serrés comme des sardines (en boîte).

Nous sommes entassés au point de ne plus pouvoir bouger.

We're squashed up/packed like sardines (in the bus), we can't move an inch. (*Des sardines en boîte* = sardines in a can).

Il court comme un zèbre.

Il court très vite.

He goes like greased lightning, he goes very fast. Literally, he runs like a zebra.

Il est monté comme un âne.

Il a une longue verge.

He's well-hung/well-endowed, he has a large penis. Literally, he's built like a donkey/an ass.

Il est buté comme un âne.

Il est très têtu.

He's as stubborn as a mule.

Elle glisse comme une anguille.

Elle s'échappe facilement des étreintes.

She's as slippery as an eel, she can easily escape being embraced.

Plein comme une huître.

Complètement rempli.

To be stuffed, full. Literally, full like an oyster.

Il tourne comme un ours en cage.

Il marche en long et en large dans une pièce.

He paces up and down like a caged animal. Literally, he turns like a bear in a cage.

Je suis malade comme une bête!

Je suis très malade.

I'm very ill, I'm at death's door. (*Une bête* (= a beast) = an animal).

La montagne a accouché d'une souris.

Le résultat n'est pas à la hauteur de (mes) espérances.

There's a lot of fuss about nothing, the result doesn't justify the means. Literally, the mountain gave birth to a mouse.

Il y a anguille sous roche.

Il y a quelque chose de caché, ce n'est pas clair.

There's something fishy going on. Literally, there's (an) eel under (the) rock.

Il faut appeler un chat un chat.

Soyons pragmatiques, réalistes.

We must call a spade a spade, let's be realistic. (*Un chat* = a cat).

Il n'y a pas de quoi fouetter un chat.

Ça n'a pas d'importance, ce n'est pas grave.

There's nothing to make a fuss/to get excited about, it's no big deal, it's not important. Literally, it's not worth whipping a cat.

C'est/pratiquer la politique de l'autruche.

Refuser de prendre conscience du danger.

To bury one's head in the sand, to deny a danger or a problem. (*La politique de l'autruche* = ostrich's politics).

Il avale des couleuvres.

Il est très naïf, il croit/gobe tout ce qu'on lui dit.

He believes anything he's told, he's very naïve. Literally, he swallows grass snakes.

Elle baye aux corneilles.

Elle regarde en l'air, elle reste sans rien faire.

She stands gaping, she stares/gazes/stargazes, she looks at something or someone for a long time without moving her eyes and with her mouth open. Literally, she stares at crows, at nothing particular.

Il me cherche les poux.

Il veut m'ennuyer.

He's nit-picking, he's splitting hairs, he wants to find fault, he tries to pick a fight with me. Literally, he looks at me for louses.

C'est d'un effet bœuf!

C'est impressionnant!

It made quite a splash, it made a fantastic impression! (*Un boeuf* = an ox).

Ne sois pas vache (avec lui/elle)!

Ne sois pas trop dur(e)!

Don't be mean (to him/her)! (*Une vache* = a cow).

Il m'a fait un coup de vache! il m'a joué un tour de cochon!
Il m'a trompé(e), il m'a joué un mauvais tour.
He pulled/played a dirty trick on me! (*Un cochon* = a pig).

C'est vache de sa part!
Ce qu'il/elle a fait est méchant/très incorrect.
It's rotten of him/her! He/she did something really nasty.

Quel veau!
Quelle voiture lente!
What a banger/heap, what an old and slow car this is! (*Un veau* = a calf).

C'est une brebis galeuse.
C'est une personne qu'on évite.
He/she's a black sheep, someone everybody avoids. (*Une brebis galeuse* = a scabbed sheep (afflicted with scabies)).

Une cage à poules, un vieux coucou.
Un (vieil) avion.
A hen coop, a crate, an old airplane.

Elle a une cervelle de moineau.
Elle est faible d'esprit.
She's a bird-brain, she's scatterbrained, she's rather stupid. Literally, she has the brain of a sparrow.

J'ai la chair de poule.
J'ai peur.
I have goose pimples, I'm cold, I'm scared. Literally, I've hen's flesh.

Un chameau, une vache.
Un homme incorrect.
A swine (for men), a cow (for women), a tyke (for children). (*Un chameau* = a camel; *une vache* = a cow).

Il n'y a pas un chat.
Il n'y a personne.
There isn't a soul around, the place is deserted. (*Un chat* = a cat).

Elle est à cheval sur les principes/sur le règlement.
Elle est très stricte.
She's a stickler for principles, she's very strict. (*Être à cheval* = to be on horseback, to straddle).

C'est un remède de cheval.
C'est un médicament très efficace.
It's a drastic remedy, a very strong and effective remedy. (*Un cheval* = a horse).

Ne monte pas sur tes grands chevaux!
Ne te fâche pas, ne t'offusque pas tant lorsqu'on te critique!
Don't get on your high horse, don't get angry when you're criticized!

(Dites donc, les parkings,) c'est pas fait pour les chiens!
Il faut les utiliser.
(Hey, parkings) are there for a good reason, they're there to be used. Literally, it's not designed/made for dogs!

J'ai un mal de chien à (finir ce rapport).
J'ai beaucoup de mal à (le finir).
I find it terribly difficult to (finish this report).

Je me suis donné un mal de chien pour (le retrouver).
J'ai eu beaucoup de mal à (le retrouver).
I found it awfully difficult to (find it).

Il le traite comme un chien.
Il le traite très mal.
He treats him like a dog, like dirt.

Elle saute du coq à l'âne.
Elle parle de choses différentes sans rapport entre elles.
She jumps from one topic to the next, she goes from one thing to the other, she hops from one subject to another. Literally, she jumps from cock to ass.

Il sent/pue le bouc/le fauve!
Il sent très mauvais.
He stinks! (*Un bouc* = a he-goat; *un fauve* = a big cat (wild animal)).

Il faut prendre le taureau par les cornes.

Il faut affronter la réalité, s'attaquer à la difficulté avec détermination pour résoudre un problème.

You must take the bull by the horns, you must face reality and fight with determination.

Elle verse des larmes de crocodile.

Elle pleure pour émouvoir et tromper.

She tries to cheat someone by shedding crocodile tears, by crying profusely.

J'ai des fourmis dans les jambes.

Mes jambes se réveillent et picotent.

I have pins and needles in my legs, I feel my legs wake up and sting. (*Une fourmi* = an ant).

Elle a des yeux de biche/de gazelle.

Elle a un regard très doux.

She has doe eyes, very pretty eyes. (*Une biche* = a doe, a hind).

Il est tombé/il s'est jeté dans la gueule du loup.

Il est tombé dans un piège.

He sticked his head in the lion's mouth, he fell into a trap. Literally, he fell/he threw himself in the mouth of the wolf.

J'ai une faim de loup.

J'ai très faim.

I'm ravenous, I'm very hungry.

(Il marche) à pas de loup.

Silencieusement.

(He walks) stealthily, silently (*Un pas* = a step).

Elle a un caractère de cochon.

Elle a un très mauvais caractère.

She's got a foul temper, a very bad character. (*Un cochon* = a pig).

C'est pas piqué des vers/des hannetons!

Ce n'est pas facile, c'est intense/extrême.

It's excellent (speaking about a book or an alibi, for instance). (*Piqué des vers* (= mangé par les vers) = eaten by worms; *les hannetons* = cockchafers).

Il y a un papillon/une contredanse (sur mon pare-brise).

Il y a un avis de contravention pour non-respect aux règles de la circulation, un P.V. un procès verbal).

There's a parking ticket (on my windscreen). (*Un papillon* = a butterfly).

Elle a une langue de vipère.

Elle dit du mal de tout et de tous.

She has a wicked tongue, she speaks badly of other people. (*Une vipère* = a viper, an adder).

C'est un drôle de lièvre.

C'est un homme bizarre.

He's odd, weird, strange. Literally, he's a funny hare.

Il ne faut pas courir deux lièvres à la fois.

Il ne faut pas essayer d'obtenir deux choses différentes en même temps et risquer de n'en avoir aucune.

You must not have several irons in the fire. If you run after two hares you will catch neither. (Proverb)

Tu m'as posé un lapin.

Tu m'as fait attendre, tu n'es pas venu(e) au rendez-vous.

You stood me up, I waited for you in vain. (*Un lapin* = a rabbit).

Ça ne vaut pas un pet de lapin/un clou/un radis!

Ça ne vaut rien, ça n'a pas de valeur.

It's not worth a damn, a tinker's cuss, a bean, it's worthless. (*Un pet de lapin* = a rabbit's fart; *un clou* = a nail; *un radis* = a radish).

Il m'a payé en monnaie de singe.

Il m'a payé avec de la fausse monnaie.

He fobbed me off, I was tricked by someone who paid me with false money. Literally, he paid me in monkey's money.

Elle a des yeux de lynx.

Elle a une vue perçante.

She's lynx-eyed, she has a piercing gaze, very good eyes.

Il a eu la part du lion.
Il a eu la plus grande part (parce qu'il est le plus fort).
He took the lion's share, he got the best part (because he's the strongest).

Il se bat comme un lion.
Il se bat courageusement, avec vigueur.
He fights like a lion, courageously, vigorously.

Elle a fait mouche du premier coup.
Elle a réussi au premier essai.
She hit the bull's eye, she hit the nail on the head, she's right on target at the first try. (*Une mouche* = a fly).

Ne nous écartons pas de nos moutons!
Revenons à notre sujet, à ce que nous disions!
Let's get back to the point! Literally, let's not move away from our sheep!

Il a des yeux de merlan frit.
Il a un air ridicule, une expression étonnée dans le regard. (Le merlan est un poisson).
He goggles, he looks at something with his eyes wide open. Literally, he has the eyes of a fried whiting (= a fish).

C'est un oiseau rare.
C'est une personne aux qualités exceptionnelles.
He/she's a rare bird, someone exceptional.

C'est un drôle d'oiseau/de zèbre.
C'est une personne bizarre.
He's an odd customer, an oddball, a weirdo, a strange person. Literally, he's a funny bird/zebra.

Elle a un appétit d'oiseau.
Elle mange très peu.
She eats like a bird, very little.

Une tête de linotte.
Une personne étourdie, qui change sans arrêt d'avis. (La linotte est un oiseau).
A scatterbrain, someone who cannot make up their mind. (*Une linotte* = a linnet (= a bird)).

J'ai un bec de perroquet.

J'ai la colonne vertébrale ravagée par des rhumatismes.

I suffer from osteophyte (= a bad back). Literally, I have a parrot's beak.

Un panier de crabes.

Un groupe de personnes qui se disputent.

People who are always at each other's throats, who are constantly arguing. Literally, a basket (full) of crabs.

Un pigeon.

Une personne naïve.

A mug, a sucker, a naïve person.

Une poule n'y retrouverait pas ses poussins.

Quel désordre!

It's a real mess. Literally, a hen couldn't find her chicks in there.

Tu cherches à noyer le poisson!

Tu essayes de m'embrouiller, de changer de sujet, de me faire oublier le fond du problème.

Don't try to confuse/to fudge the issue! This expression is used when someone tries to change the subject in a conversation or when they try to escape responsibility by confusing their interlocutor. Literally, you try to drown the fish.

(Ça) m'a mis la puce à l'oreille.

(Ça) a éveillé mon attention; quand je l'ai vu/entendu, je me suis méfié(e).

(That) gave me a clue, (that) set me thinking. Literally, (that) put a flea in my ear.

Une grenouille de bénitier/une punaise de sacristie.

Une bigote. (Une punaise est un insecte qui dégage une odeur très désagréable lorsqu'il est écrasé).

A Holy Joe, a Holy Mary, a sanctimonious person. Literally, a stoup/font's (= a container for holy water in a church) frog/a sacristy's (= a church annexe) bug.

Un rat de bibliothèque.

Une personne qui passe son temps dans les livres.

A bookworm, someone who spends all his time in a library. Literally, a library rat.

J'ai une mémoire d'éléphant.

J'ai une excellente mémoire.

I have a memory like an elephant, a very good memory.

Un serpent de mer.

Quelque chose qui apparaît de temps en temps dans l'actualité, dont tout le monde parle mais que personne ne peut expliquer. Le moteur à eau, la gratuité des transports publics dans les grandes villes p.ex.

A sea serpent, a sea monster, a silly-season story that appears in the press, such as the water-engine, the decrease of pollution in large cities, etc.

Une vache à lait.

Une personne dont on profite exagérément (en lui demandant sans cesse de l'argent).

A milch cow, someone who provides a lot of money for others. Literally, a milk cow.

On entendrait voler une mouche.

Le silence est complet.

You could hear a pin drop, there's total silence. Literally, you could hear a fly fly.

Quelle mouche t'a piqué(e)?

Pourquoi agis-tu comme ça, qu'est-ce qui te prend tout à coup?

What's got into you, what's wrong with you (all of a sudden)? Literally, what fly stung you?

Tu fais des pattes de mouche.

Tu écris mal.

You write a spidery scrawl, your handwriting isn't good. Literally, you do (= draw) fly legs.

Elles se regardent en chiens de faïence.
Elles se regardent avec un air de défi.
They look daggers at each other, they stare at one another (like two dogs in glazed earthenware (= faience)).

Un banc de moules.
Des étudiants particulièrement passifs.
A bed of mussels, a group of inactive students.

Un ours mal léché.
Un homme grossier.
A grumpy old thing, a boor, a bad-mannered person. Literally, a badly licked bear.

Un mollusque.
Une personne particulièrement apathique.
A wimp, an apathetic person, a person who makes no effort. (*Un mollusque* = a mollusc).

Cette histoire finit en queue de poisson.
Elle s'achève brusquement, sans explications, sans que l'on en connaisse véritablement la fin, ce qui est très frustrant.
This story fizzles out/ peters out, it ends abruptly.

2. **Vocabulaire animalier**. – Animal talk

Le chien fait ouah ouah!
The noise the dog makes.

Le chat fait miaou!
The noise the cat makes.

Les oiseaux font cui cui!
The noise the birds make.

La poule fait cot cot cot!
The noise the hen makes.

Le coq fait cocorico!
The noise the cock makes.

Le canard fait coin coin!
The noise the duck makes.

Le cochon fait groin!
The noise the pig makes.

La vache fait meuh!
The noise the cow makes.

La chêvre fait mêêê!
The noise the goat makes.

Le mouton fait bêêê!
The noise the sheep makes.

L'âne fait hi-han!
The noise the donkey makes.

Le paon fait léon!
The noise the peacock makes.

Le hibou fait hou!
The noise the owl makes.

Le corbeau fait croâ croâ!
The noise the raven makes.

La grenouille fait coâ coâ!
The noise the frog makes.

Le cheval fait hiii!
The noise the horse makes.

Le coucou fait coucou! (mais vous l'aviez deviné!)
The noise the cuckoo makes.

Et le ver de terre ne fait rien du tout.
Sorry, there's no noise for the earthworm!

VIII – Le règne végétal
The vegetable kingdom

Si vous avez des végétations... – Greenhouse comments

J'en ai gros sur la patate!
Je suis très déçu(e), je regrette beaucoup.
I'm really peeved, I'm very disappointed!

Je suis soigné(e) aux petits oignons.
On me gâte, on me traite très bien.
I'm getting first-class attention, I'm very well treated. Literally, I'm treated with small onions.

Ça mettra du beurre dans les épinards.
Ça améliorera les conditions financières.
That'll put jam on the bread, that'll improve financial conditions. Literally, that will put butter in the spinach.

Une feuille de chou.
Un journal très mince ou de piètre qualité.
A rag, a low quality newspaper. Literally, a cabbage leaf.

J'ai fait chou blanc.
J'ai échoué, je suis rentré bredouille.
I've been out of luck, I drew a blank, I came back empty-handed. Literally, I made white cabbage.

Il lui est rentré dans le chou.
Il l'a frappé.
He went for him/her, he hit them.

Il est allé planter ses choux (dans le Poitou).
Il a pris sa retraite (dans le Poitou).
He retired, he settled (in *Poitou*). Literally, he's gone to plant his cabbages. (*Poitou* is a region in western France).

C'est bête comme chou!
C'est très facile.
It's very easy!

Il a fait ses choux gras de (la crise économique).

Il en a profité pour s'enrichir. Les journaux ont fait leurs choux gras de la mort de la princesse Diana: ils ont sensiblement augmenté leur tirage.

He put (the economic crisis) to good use, he used it to his advantage. (*Les choux gras* = greasy cabbages).

Une gourde.

Une personne qui fait des gaffes.

A blockhead, a twit, a person who often makes mistakes.

Il lui a pressé le citron.

Il l'a exploité(e), il a profité de lui/d'elle.

He took advantage of him/her, he exploited them. (*Presser le citron* = to squeeze the lemon).

C'est la fin des haricots!

Tout est perdu/fichu, il n'y a plus d'espoir!

We've had it, all's lost, there's no hope!

Elle a du sang de navet.

Elle est lâche.

She's a weakling, she's a coward. Literally, she has turnip blood.

Ce film, quel navet!

Quel mauvais film!

That movie, what a (load of) tripe, what rubbish!

(Qu'est-ce que c'est que ce sportif) à la gomme/à la noix?

(Quel est ce sportif) de mauvaise qualité?

What a lousy/crummy (sportsman)! (*De la gomme* = gum; *une noix* = a walnut).

Une coquille de noix.

Une très petite embarcation.

A cockleshell, a very small boat.

Prends-en de la graine!

Que cela te serve de leçon (pour plus tard)!

Let that be an example to you! (*Une graine* = a seed).

Il ne faut pas s'endormir sur ses lauriers.

Il ne faut pas s'arrêter sur son premier succès, il faut continuer.

You musn't rest on your laurels, after the initial success, you must go on.

Un roman à l'eau de rose.

Un roman sans caractère, fade.

A sentimental novel. Literally, a rose water novel.

Un panier à salade.

Une camionnette de police.

A Black Maria, a police van. Literally, a salad basket.

Il faut couper la poire en deux.

Il faut faire des concessions.

You have to meet (the other person) half-way, to come to a compromise. Literally, it's necessary to cut the pear in two.

Voilà trois heures que je fais le poireau/que je poireaute!

Ça fait trois heures que j'attends!

I've been hanging around, cooling/kicking my heels, waiting for three hours! (*Un poireau* = a leek; *poireauter* = to wait).

Elle est tombée dans les pommes.

Elle s'est évanouie.

She fainted, she passed out. Literally, she fell in the apples.

Faire le poirier.

Tenir verticalement (enfin, plus ou moins...) sur la tête et les mains.

To do a headstand, to stand on your head and hands. (*Un poirier* = a pear tree).

Il a secoué (son frère) comme un prunier.

Il l'a secoué très fortement, il l'a enguirlandé.

He shook (his brother) like a rag doll (= vigorously) and he shouted at him. (*Un prunier* = a plum tree).

J'ai pas un radis!

Je n'ai pas d'argent!

I haven't got a bean, I'm flat broke! (*Un radis* (= a radish) = money).

Les carottes sont cuites.

Tout est perdu, il n'y a plus rien à faire.

The game's up, all's lost, there's nothing you can do now. Literally, the carrots are cooked.

Mêle-toi/occupe-toi de tes oignons!

Ne te mêle pas de ce qui ne te regarde/concerne pas!

Mind your own business, keep your nose out of this! Literally, mind/take care of your onions!

Ils sont en rang d'oignons.

Ils sont en file, rangés du plus petit au plus grand.

They're in a line, in a row.

T'as vu sa fraise?

Tu as vu son visage?

Have you seen his face? (*Une fraise* = a strawberry).

(Ce marchand) sait vendre sa salade.

Il sait convaincre.

(This merchant) can sell his line, he's very persuasive, very convincing. (*La salade* = lettuce).

Donner/recevoir une châtaigne, un marron, une pêche (sur le coin de la figure).

Donner/recevoir une gifle/un coup (au visage).

To throw/receive a punch (in the face). (*Une châtaigne, un marron* = a chestnut; *une pêche* = a peach).

C'est la cerise sur le gâteau.

C'est le meilleur, c'est une bonne surprise.

It's the icing/the cherry on the cake, it's a good surprise.

J'ai fait ça pour des prunes!

Je l'ai fait pour rien!

I did all that for nothing!

IX – Pot-pourri
Medley

Expressions diverses et variées. – Choice of expressions

Un pot-pourri.
Un mélange de chansons ou d'airs musicaux souvent abrégés et mis bout à bout.
A medley. Literally, a rotten pot.

Un bouquin.
Un livre.
A book.

Une bécane.
Un vélo.
A bike.

Une mob.
Une Mobylette, une motocyclette.
A moped, a small motorcycle.

Une bagnole, une tire.
Une voiture.
A car.

Elle est pourrie, (ta tire)!
(Elle) marche mal, (elle) ne fonctionne plus correctement.
What a rotten (car you have)!

Il est poussif/il avance pas, ton veau!
T voiture est très lente.
Your car is a real heap! It can't go fast. (*Un veau* = a calf).

Un vieux tacot.
Une vieille voiture.
A banger, an old heap, an old car.

(Non, je ne monte pas dans ce) tas de ferraille!
Cette vieille voiture.
(No, I won't step into that) wreck, that rusty old heap, that dangerous-looking car! (*Un tas de ferraille* = a scrap heap).

Un (vieux) rafiot.
Un (vieux) bateau.
An (old) tub, an old boat/ship.

Le petit écran.
La télévision.
Television. Literally, the small screen.

Une sèche, une cibiche.
Une cigarette.
A fag, a cig, a ciggie, a cigarette.

Un papelard.
Un papier, un formulaire. Remplir un papelard.
A (scrap of) paper, a form.

Le pieu, le plumard, le pucier.
Le lit.
The sack, the bed.

Les fringues, les frusques, les nippes.
Les vêtements.
The gear, the clobber, togs, clothes.

T'es mal fringué(e)/mal nippé(e)!
Tu es mal habillé(e).
You're badly rigged out/dressed (up).

J'ai mis un costard.
J'ai mis un costume.
I put on a suit.

Il se balade en liquette.
Il se promène en chemise.
He walks about wearing a (granddad) shirt.

Les godasses, les pompes, les tatanes.
Les chaussures.
Shoes.

Des bateaux.
Des chaussures longues et sans talon pour dames.
Long and flat shoes for women. (*Des bateaux* = boats).

Des écrase-merde.

De très grandes chaussures pour hommes.

Beetle-crushers, clodhoppers, large and heavy shoes for men. Literally, shit-crushers.

Une valoche.

Une valise.

A suitcase, a case, a bag.

Un crincrin.

Un violon de mauvaise qualité.

A squeaky/scratchy fiddle.

Quelle pagaille! quel fourbi! quel bric-à-brac!

Quel désordre! Ces expressions s'emploient lorsqu'on se trouve devant un grand nombre d'objets hétéroclites.

What a mess, what shambles! These expressions are used when you see a large number of disparate (different) objects in no apparent order.

Ça fouette, ça schlingue!

Ça sent mauvais!

What a pong/reek/stench, it stinks here!

Je suis au parfum.

Je suis au courant, je sais.

I'm in the know, I've been informed.

Ça t'en bouche un coin, hein?

Ça t'étonne, hein?

You're impressed, you're amazed, aren't you?

Ils ont fumé le calumet de la paix, ils ont enterré la hache de guerre.

Ils se sont réconciliés.

They smoked the peace pipe, they buried the hatchet, they reconciled, they made up.

Tu bousilles/tu amoches ta santé (en fumant)!

Tu abîmes, tu détruis ta santé.

You're ruining your health (when you smoke)!

J'ai pété ma télé à coups de pompes.

J'ai cassé ma télévision à coups de pied.

I busted the telly with a kick. (*Péter* = to bust, to break).

Il a du toupet, elle a du culot, il est culotté, elle est gonflée.

Il/elle ne se gène pas pour dire ce qu'il/elle pense.

He's got some nerve/cheek, he has the devil's own cheek, she's not afraid to say what she really thinks.

Où t'as dégoté/dégotté (ce chien)?

Où l'as-tu trouvé?

Where on earth did you find (that dog)?

J'ai paumé mon permis.

J'ai perdu mon permis de conduire.

I lost my driving licence.

Piquer, faucher, barboter, chiper.

Voler quelque chose. On m'a piqué mes sous!

To steal/pinch/swipe.

J'ai eu ce boulot grâce à un piston, j'ai été pistonné(e).

J'ai profité du soutien d'une personne influente pour obtenir ce travail.

I used my connections to get this job, I got it by knowing the right people.

Vachement, drôlement, rudement.

Vraiment. J' suis vach'ment emmerdé(e)!

Awfully, bloody, really. (You're awfully right, for instance).

Chiche!

Je te parie que... Chiche que j'arrive au sommet avant toi!

(Do you) want to bet?

Une connerie.

Une chose stupide. Ce film, quelle connerie! Arrête tes conneries!

A stupidity, a stupid thing.

Déconner.

Dire/faire des bêtises. Il n'arrête pas de déconner, de faire le con!

To talk rubbish/nonsense, to bullshit, to mess around.

Faut pas déconner!
Il ne faut pas exagérer.
Don't go too far!

Fais pas attention aux ragots!
Ne fais pas attention aux bruits qui courent, aux rumeurs.
Don't pay attention to gossip!

Roupiller, pioncer.
Dormir.
To have a kip, to sleep.

J'ai envie de piquer un roupillon.
J'ai envie de dormir (un peu).
I'd like to take/have a nap/snooze.

Une boum, une surboum, une partie.
Une soirée où l'on danse, où l'on boit et où l'on mange.
A party.

J'ai fait la bombe, la bamboula, la foire, la fiesta, la noce, la nouba hier soir.
Je me suis bien amusé(e).
Yesterday evening, I wooped/lived it up, I made whoopee, I had a ball.

Je dois te faire un dessin?
Tu n'as pas encore compris, tu veux que je t'explique plus en détail, imbécile?
Do you want me to spell it out for you? (*Faire un dessin* = to draw).

Elle brille par son absence.
On voit bien qu'elle n'est pas là.
She's conspicuously absent. (*Briller* = to shine).

Je suis libre comme l'air.
Je suis complètement libre.
I'm as free as a bird/the air, totally free.

Je vais prendre un bon bol d'air.
Je vais respirer l'air du dehors, l'air pur.
I'll (go and) get some fresh air.

Renvoyer la balle/la balançoire.

Se renvoyer la responsabilité d'une initiative.

To avoid being responsible for an action that has to be taken. Literally, to send back the ball/the swing.

(Dans ce gouvernement,) il n'y a personne à la barre!

Personne ne dirige (le gouvernement).

In this government, there's nobody at the helm! Nobody steers/controls it.

Il bave d'admiration.

Il est très admiratif.

He's open-mouthed with admiration. (*Baver* = to dribble, to drool).

Je reprends mes billes.

Je cesse de jouer, c'est trop risqué.

I pull out (of a deal/game), I stop playing because it's too risky. Literally, I take back my marbles.

J' te fiche mon billet que je m' ferai pas pincer!

Je te donne ma parole, je t'assure que je ne me ferai pas prendre.

I bet my bottom dollar/my boots, I bet you anything that I won't be caught!

Elle est bien bonne!

C'est amusant!

It' very funny, it's very amusing, what a good joke!

(Je me dirige) au petit bonheur la chance.

Au hasard.

(I'm walking, I'm going my way) haphazardly, in no particular direction. (*Au petit bonheur* = (where) little happy luck (drives me)).

Nous sommes du même bord.

Nous avons les mêmes opinions, nous sommes du même parti (politique).

We're on the same side, we share the same views.

Il n'entend qu'un son de cloche.

Il ne connaît qu'une opinion, qu'une version des événements.

He only hears one version of that story, he isn't objective. Literally, he hears only but one sound of the bell.

Faire chanter quelqu'un.

Lui extorquer de l'argent en le menaçant de révélations scandaleuses. C'est un maître-chanteur, il le fait chanter depuis des mois.

To blackmail somebody. Literally, to make somebody sing.

C'est clair comme de l'eau de roche/comme le jour, ça coule de source.

C'est évident.

It's crystal-clear, it's obvious.

(La mécanique,) ça me connaît.

Je connais bien (la mécanique), c'est ma spécialité.

I'm a whiz, a dab hand (at mechanics), I know a thing or two, I'm an expert (at mechanics).

Il en écrase une.

Il dort profondément.

He sleeps like a log, he's deeply asleep. (*Écraser* = to crush).

C'est du plus mauvais effet.

C'est très impoli, c'est très mal considéré.

It's in the worst possible taste, it's very badly considered.

Sa déclaration a fait de l'effet.

Elle a produit une vive impression (auprès du public).

His statement was very impressive, (the public) was very impressed by what he said.

Excuse-moi d'enfoncer le clou.

Excuse-moi d'insister.

Sorry but it's important to ram the point home, I must insist. (*Un clou* = a nail).

C'est un truc à toute épreuve.

C'est un procédé qui marche toujours, un procédé excellent.

It's foolproof, it's an unfailing thing. (*Une épreuve* = a test).

Tu fais de l'esprit.
Tu plaisantes.
You're trying to be witty/funny.

Tu baisses! tu baisses dans mon estime!
Tu ne mérites plus ma considération.
You're going down in my esteem, you don't deserve it anymore!

Elle est mal ficelée, ton histoire.
Elle est mal construite, elle n'est pas bien conçue.
Your story is badly put together, it's unconvincing.

C'est lui qui tire les ficelles (en coulisses).
C'est lui qui fait agir les autres et qui dirige tout dans l'ombre.
He pulls the strings, he directs everything (but he stays behind the scenes).

C'est frappant.
C'est étonnant.
It's striking, surprising.

La ressemblance est frappante.
Elle est évidente.
The resemblance is striking.

(Ils sont) à la queue leu leu, en file indienne.
L'un derrière l'autre.
(They are) in single/Indian file, they follow each other closely.

Tu es de mauvaise foi.
Tu mens.
You're insincere, you don't believe what you're saying. (*La mauvaise foi* = bad faith).

Je suis de bonne foi.
Je dis la vérité, crois-moi!
I'm sincere, I'm honest, you can believe/trust me.

Vous ne comprenez pas le français?
Vous ne comprenez pas?
Don't you understand, don't you get it?

Parlez français s'il vous plaît!
Expliquez-vous clairement!
Come on, speak correctly!

Elle fait ça pour épater la galerie.
Elle fait ça pour impressionner les gens (mais elle ne m'impressionne pas du tout).
She does that in order to cause a sensation, to impress the crowd.

(Ce bijou,) j'ai mis le grappin dessus.
Je m'en suis emparé. (Le grappin est un crochet d'abordage).
(That jewel), I got my hands on it, I grabbed it. (*Un grappin* = a grappling iron).

A ta guise.
Comme tu veux, comme tu voudras.
As you please.

Le plus beau de l'histoire, c'est qu'(il est encore vivant).
Le plus surprenant.
The best part of the story is that (he's still alive).

Allez! en avant la musique!
Allons-y!
Off we go, let's go!

A toi/vous l'honneur!
À toi/vous de commencer.
After you, you first! (in a game).

Allez, re!
Encore, recommence, répète!
Here we go again, do it again! (*Re* is a prefix meaning 'once more').

C'est la partie cachée de l'iceberg.
Ce qui est caché est beaucoup plus important que ce que l'on croit voir.
It's what lies below the tip of the iceberg, what's hidden is much more important than what you can see.

(Lui demander de se lever à cinq heures,) je vois ça d'ici...!

Je peux facilement m'imaginer ce qui va se passer, je ne me fais pas d'illusion, ça n'ira pas.

(Ask him to wake up at five,) I can just see that..., it wont work!

Tu as de la suite dans les idées!

Tu penses aux conséquences, tu as bien réfléchi.

You certainly know what you want! You're coherent/consistent. (*Une idée* = an idea).

Eh bien, tu ne perds pas le nord!

Tu sais ce que tu veux, tu ne perds pas ton objectif de vue, tu sais profiter de la situation.

Well well, you've certainly got your head screwed on (the right way)! You know what you want, you can take advantage of the situation. Literally, you don't lose the North.

J'aimerais bien que tu éclaires ma lanterne.

J'aimerais que tu m'expliques quelque chose.

I'd like you to put me in the picture, I'd like you to explain something to me. Literally, I'd like you to light my lantern.

Faire du lèche-vitrines.

Regarder sans acheter.

To go window-shopping. Literally, to do shop window-licking.

C'est la loi de la jungle.

C'est la loi du plus fort (en affaires).

It's the law of the jungle (in the business world), the strongest wins.

Attention, tout va sauter!

Tout va exploser!

Look out, it's going to blow up/explode! Literally, everything will jump.

Le traître, il a vendu la mèche!

Il (m') a trahi!

The traitor, he let the cat out of the bag! He told someone my secret. Literally, he sold the wick.

Tu as la mémoire courte!

Tu oublies trop vite!

You've got a short memory! You forget easily.

Faire des messes basses.

Parler bas à quelqu'un afin de n'être pas entendu par quelqu'un d'autre.

To whisper, to speak very low as if you were praying in a church.

Je connais la musique/la chanson.

Je sais, j'ai l'habitude.

I've heard it all before. Literally, I know the music/the song.

Et en avant la zizique! c'est toujours la même chanson!

C'est toujours la même chose, ça recommence. (La zizique = la musique avec une idée de répétition).

It's always the same old story, the same thing. (*La zizique* = music; *la même chanson* = the same song).

C'est parti mon kiki!

Ça commence!

Here we go! It's beginning.

Il faut tourner la page.

Il faut oublier le passé.

You must turn over a new leaf, you must forget the past.

(Ces deux personnes-là,) je les mets dans le même panier.

Je les considère de la même façon.

(These two,) they're all much of a muchness, I lump them together, they're all about the same. Literally, I put them in the same basket.

(Qu'est-ce que je fais,) je risque le paquet?

Je prends le risque (dans un dépassement dangereux p.ex.)?

(What do I do,) do I go for the big one, do I take the chance? This expression is used when making a risky overtaking, for instance.

(L'apéritif,) c'est mon péché mignon.

C'est une mauvaise petite habitude à laquelle je tiens beaucoup.

The aperitif (an alcoholic drink taken before a meal) is my little weakness; I can't resist it. (*Un péché mignon* = a cute sin).

Il a inventé (cette histoire) de toutes pièces.

Il l'a fabriquée pour se justifier (cette histoire lui servant d'alibi).

He made up the whole (story), he made (it) up from start to finish.

Je (te) souhaite bien du plaisir!

Bonne chance! Expression ironique comme dans: tu veux traverser le Sahara à vélo! alors, je te souhaite bien du plaisir!

Good luck! Literally, I wish (you) a lot of pleasure. This expression is ironic and can be used for instance, when you want to encourage spuriously someone who will try to swim the Pacific.

Ne reste pas planté(e) là, entre!

Ne reste pas à la porte, entre!

Don't just stand there (at the door), come in!

C'est un secret de Polichinelle.

C'est un secret que tout le monde connaît. (Polichinelle est un personnage du théâtre de marionnettes).

It's supposed to be a secret but everybody knows about it. (*Polichinelle* is a puppet).

Tu tournes autour du pot!

Tu n'abordes pas le problème, tu hésites.

You beat around the bush! You don't get onto the problem, you hesitate. Literally, you turn around the pot.

Il s'est fait coiffer/elle a été coiffée sur le poteau.

Il s'est fait battre sur la ligne d'arrivée, elle a été battue de justesse (à la course p.ex.)

He/she was pipped at the post, they were overtaken/beaten at the (finishing) line.

Allez, sois bon prince!

S'il te plaît, fais-moi une faveur, donne-moi quelque chose!

Come on, be generous!

J'en connais un rayon.

Je connais bien le sujet, je suis compétent (dans un domaine particulier).

I know a thing or two (= a lot) about it. (*Un rayon = a shelf*).

(Ils l'ont félicité(e)) à tour de rôle.

L'un après l'autre.

They congratulated him/her in turn(s), one after the other.

C'est une nouvelle à couper le souffle.

C'est une information extraordinaire.

It's a breathtaking news, an extraordinary news.

La balle est dans (son/leur) camp.

C'est à (son/leur) tour d'agir, de prendre l'initiative.

The ball's in his/their court, it's their turn to take the initiative.

J'ai pris la balle au bond.

J'ai réagi tout de suite.

I seized the opportunity. Literally, I caught the ball on the bounce.

Faire trempette.

Nager un petit moment. – Bon, je vais faire trempette. Qui m'accompagne?

To go for a dip, to have a (quick) dip, to go for a short swim.

J'ai senti le vent tourner.

J'ai compris que la situation changeait.

I felt the wind (= the situation) change.

Accorder ses violons.

Se mettre d'accord.

To agree. (*Accorder un violon* = to tune a violin). This expression is used for instance, when you ask two or more persons to describe an accident they've witnessed. In the end, their stories must tally.

Il/elle se refait une virginité.

Il/elle essaye de rétablir sa réputation.

He/she (tries to) re-establish their good reputation, he/she (tries to) restore their image.

(Ce garçon, il faut lui) serrer la vis!

Il faut le traiter avec sévérité.

You must crack down hard on (this boy), you have to tighten the screws on him, you have to treat him with severity.

Il/elle croit que c'est arrivé!

Il croit qu'il a réussi, elle se fait des illusions.

He/she thinks it has finally happened, that they've made it (but they're wrong)!

Je vais lui en mettre plein la vue!

Je vais faire mon possible pour l'impressionner.

I'm going to dazzle/impress him/her! Literally, I'm going to put lots of it in his/her eyesight.

Et tout le bataclan.

Et tout le reste. Il arrive avec tout son bataclan. il arrive avec toutes ses affaires.

And the whole caboodle/shebang, and everything that comes with it. They moved with their children and the whole shebang, for instance.

Il s'est étalé de tout son long.

Il est tombé par terre.

He fell flat on his face.

C'est pas croyable ce qu'il/elle peut être (bête...)!

Il/elle est vraiment très (bête...!)

How can he/she be so (stupid/dumb)! (*C'est pas croyable* = it's unbelievable).

Il y a quelque chose qui ne tourne pas rond (là-dedans)! c'est louche! il y a quelque chose qui cloche!
Quelque chose n'est pas normal/ne va pas. (Prononcer: "Yakèkchôz").
It's fishy, something's wrong here, there's a problem!

Alors là, je suis scié(e)!
Je suis très surpris(e).
I can't believe my ears/eyes, I'm stunned! I'm very surprised.

Au plaisir! à la revoyure!
Au revoir.
See you again, so long, toodle-oo!

INDEX

C

D

E

H

I

J

K

L

M

N

O

P